W0317248

LES FOUFOUS DU SPORT

LES 100 SPORTS LES PLUS DINGUES

© Hachette Livre,
Département Marabout, 2019

Tous droits réservés. Toute reproduction ou utilisation sous quelque forme etpar quelque moyen électronique, photocopie, enregistrement ou autre que ce soit est strictement interdite sans l'autorisation écrite de l'éditeur.

ÉTIENNE CARBONNIER

LES FOUFOUS DU SPORT

LES 100 SPORTS LES PLUS DINGUES

MARABOUT

SOMMAIRE

Pour les rusés

Pour les costauds

Pour les agiles

Pour les fous

by

諏訪大社
諏訪大社

INTRO

Si vous avez ce bouquin entre les mains, c'est que, *a priori*, vous aimez le sport. Pas forcément le pratiquer, mais au moins le regarder. Ou bien alors vous aimez bien rigoler, ou vous êtes tout simplement curieux. Bon, si ce n'est rien de tout ça, vous n'avez vraiment rien à faire avec ce livre dans les mains, reposez-le immédiatement et sortez de cette librairie en courant comme Bruce Willis qui échappe à une explosion dans *Die Hard*.

Notre seul objectif a été d'essayer de connaître le sport différemment et surtout de présenter des sports différents, ceux qu'on ne voit pas ou peu dans les médias. En élargissant la vision du sport « traditionnel », on découvre une multitude de disciplines qu'on n'aurait même pas imaginées. Vous auriez pensé à mixer la boxe et les échecs ? Ou bien à vous faire tracter par des bœufs dans de la boue ? Pas sûr.

Et en se baladant autour du globe, on se rend compte que l'homme a une imagination débordante quand il s'agit de créer des sports, que ce soit par tradition… ou un peu éméché. Oui, ça paraît bizarre, mais l'alcool a beaucoup apporté au sport. Le nombre de sports qui ont été inventés après quelques pintes au bar du coin prouve que, parfois, avoir l'esprit aviné booste la créativité. Bon, faut quand même être sacrément arraché pour créer le combat d'orteils, on est d'accord. Mais sans ces soirées bien arrosées, on n'aurait sans doute jamais eu l'idée de se battre avec nos gros doigts de pied : ça n'aurait pas forcément changé le cours de l'humanité, mais on se serait moins marrés.

Ç'aurait été injuste de ne pas rendre hommage au génie qui s'est dit un jour que courir dans une descente derrière un fromage serait un spectacle intéressant, ou que rajouter des Taser à un jeu de ballon pouvait être une bonne plus-value. Injustice réparée, voici donc les 100 sports pas assez connus qui mériteraient pourtant un jour un *prime time* télévisé, enfin pas sûr.

19

POUR LES RUSÉS

PRÉCISION, INTELLIGENCE ET MENTAL

Ils n'en ont parfois pas le physique, mais ces champions sont de grands sportifs. Il y a d'un côté les rois de la stratégie, dotés d'une précision mathématique ou d'un grand esprit d'équipe, et de l'autre les bêtes humaines capables de mémoriser 70 000 décimales de Pi, gagner au scrabble dans une langue étrangère et calculer des racines carrées en quelques secondes. Cela méritait bien un hommage.

1 Ce que cela nous apprend sur l'humanité

Il faudrait en moyenne un temps cent fois supérieur à l'âge de l'Univers pour qu'un homme réussisse à retrouver toutes les combinaisons du cube seulement grâce au hasard.

SPEEDCUBING

Il n'y a pas de hasard

LES RÈGLES

Le speedcubing consiste à résoudre un Rubik's Cube le plus rapidement possible. Pour que le résultat soit validé, le compétiteur a 15 secondes pour inspecter le cube mélangé avant que le chronomètre ne soit enclenché. Le plus souvent, le joueur résout 5 cubes : le meilleur et le plus mauvais temps sont retirés, et la moyenne des 3 restants est conservée.

L'HISTOIRE

Le Rubik's Cube a été inventé en 1974 par Ernö Rubik, un professeur d'architecture hongrois passionné par la géométrie et les formes en 3D. D'emblée, avec plus de 100 millions de cubes vendus entre 1980 et 1982, le succès fut phénoménal. Les premiers championnats ont commencé en 1982 à Budapest avec un nombre restreint d'adeptes, mais la communauté des speedcubers a grandement augmenté depuis, tout comme leurs performances.

La star

Champion du monde en 2013 et 2015, l'Australien Feliks Zemdegs a établi plus de 100 records, comme celui basé sur la moyenne des 3 cubes avec un temps de 5,69 secondes. Une machine.

« Cet objet représente l'unité du vrai et du beau, ce qui pour moi signifie la même chose. »

Ernö Rubik,
inventeur hongrois

LE CHIFFRE

43 252 003 274 489 856 000

Le nombre de positions différentes du Rubik's Cube.

On aurait préféré l'ignorer

Selon la légende, Ernö Rubik aurait passé plus d'un mois à résoudre son propre casse-tête.

Pourquoi c'est un sport

Pour plier l'affaire en quelques secondes, les speedcubers se reposent sur des méthodes mathématiques complexes. La plus célèbre est la méthode CFOP, utilisée dans tous les records du monde depuis 2003.

Ce que cela nous apprend sur l'humanité

Le headis est un sport qui se joue en onze points, et à la fin, c'est l'Allemagne qui gagne.

2

HEADIS

Un sport réservé aux grosses têtes (pas la bande de Laurent Ruquier, hein)

LES RÈGLES

Ce sont *grosso modo* les mêmes qu'au tennis de table, seulement la tête de chaque joueur remplace la raquette. Il est possible de jouer en volée et la table peut être touchée par n'importe quelle partie du corps. Les parties sont décidées au meilleur des trois sets de onze points.

L'HISTOIRE

Le headis a été inventé en 2006 par René Wegner. Alors étudiant en sport à Saarbrücken (Allemagne), ce dernier patiente pour jouer au football quand il remarque une table de ping-pong disponible et commence à jouer avec un compère en utilisant sa tête. Très vite, il organise l'activité et médiatise sa trouvaille, qui devient virale sur Internet. Depuis, le sport s'est répandu dans toute l'Allemagne, mais des partenariats ont aussi été noués en Suisse, en Belgique, aux Pays-Bas, en République Dominicaine, en Chine et au Japon. Depuis 2007, un championnat du monde est organisé tous les ans.

Ça, c'est une tête bien faite

On aurait préféré l'ignorer

Comme la balle de headis est plus lourde qu'une balle de tennis de table, le filet est fait de métal, ce qui le rend plus stable.

La star

Avec 96 % de victoires, l'Allemand Cornelius « Headsinfarkt » Döll est quadruple champion du monde et double champion d'Europe. Monstrueux.

« Tout se passe plus dans la tête que dans la raquette. »

Justine Hénin,
tenniswoman belge

LE CHIFFRE

80 000

Le nombre de pratiquants dans le monde.

Pourquoi c'est un sport

Pas moins de vingt universités allemandes proposent dans leurs programmes des formations de headis. Les clubs sportifs de Kaiserslautern et Darmstadt aussi.

3

LECTURE RAPIDE

Une discipline bien pratique

LES RÈGLES

Les participants sont jugés sur leur capacité à retenir les informations essentielles d'un ouvrage en un temps limité. Plutôt que de déchiffrer chaque mot, il s'agit pour les concurrents de balayer les phrases à toute vitesse en ciblant un mot sur quatre, puis de réaliser une *mind map* de la structure de l'ouvrage, généralement sur une feuille de papier. Une technique qui permet au cerveau de se remémorer les points clé du récit.

L'HISTOIRE

Les balbutiements de la lecture rapide remontent à l'année 1768, quand Claude-François Lizarde de Radonvilliers, précepteur des enfants du roi Louis XV, inventa une méthode d'enseignement associant la forme d'un mot calligraphié à une image représentant son sens. Il faudra cependant attendre les années 1950 pour voir la technique vraiment déchiffrée. En rendant un mémoire de 80 pages, la chercheuse américaine Evelyn Wood fut impressionnée par la qualité des remarques de son professeur, qui n'avait pourtant accordé qu'une dizaine de minutes à l'ouvrage ! Désireuse de comprendre comment, elle développa une méthode permettant de fluidifier le déplacement de l'œil sur la page. Des apports théoriques sont régulièrement apparus depuis, comme la photolecture inventée par Paul Scheele en 1985.

L'ANECDOTE POUR BRILLER

Souvent accompagné de sa femme Rosalynn, l'ancien président des États-Unis Jimmy Carter prenait des cours particuliers de lecture rapide à la Maison-Blanche.

Pourquoi c'est un sport

Vous avez déjà essayé de lire 300 pages de Christine Angot?

La star

Atteint du syndrome du savant, l'Américain Kim Peek était incapable de se brosser les dents ou de boutonner sa chemise. En revanche, il était capable de lire une page en dix secondes et d'en retenir 98 % des informations, ou de lire deux pages simultanément, une par œil. Tant et si bien qu'il se souvenait de 12 000 livres en entier. Son histoire incroyable a inspiré le film *Rain Man*, maintes fois primé aux Oscars.

« L'art de lire consiste à savoir sauter les pages. »

Philip Gilbert Hamerton

On aurait préféré l'ignorer

Lui aussi fervent adepte, le président John F. Kennedy ne s'est pas mouché du coude dans une interview au *Time* en s'estimant capable de lire 1 200 mots à la minute. Flambeur.

LE CHIFFRE

700 mots

soit le rythme de lecture de l'actuel champion du monde français Mohamed Koussa.

Ce que cela nous apprend sur l'humanité

Que les possibilités du cerveau humain sont immenses et actuellement sous-exploitées.

4

FOOTGOLF

Une certaine idée du dandysme.

LES RÈGLES

Il s'agit de pratiquer le football avec élégance sur un terrain de golf, tout simplement. Les trous sont agrandis pour correspondre à la taille du ballon, qui fait 68 centimètres. Dans une ambiance chic et détendue, on respecte l'étiquette. Une certaine idée du dandysme à base de chaussettes en losange, de bermudas et de bérets.

L'HISTOIRE

Le premier tournoi de footgolf a été organisé en 2008 aux Pays-Bas par Michael Jansen et Bas Korsten. Il a réuni plusieurs joueurs de football professionnels comme Roy Makaay, Pierre van Hooijdonk et Ricky van Wolfswinkel. L'Association internationale de footgolf a par la suite été créée à Genève en 2009 et la première Coupe du monde a été organisée en 2012, en Hongrie. Fondée en 2013, l'Association française de footgolf compte Ludovic Giuly et Sylvain Wiltord comme ambassadeurs de luxe.

LE CHIFFRE

100 000

pratiquants dans le monde, qui l'eut cru ?

L'ANECDOTE POUR BRILLER

Champion du monde 1998, Alain Boghossian est aussi un passionné de la petite balle blanche. Après sa retraite sportive, il est devenu coach menta de l'équipe de France de golf des moins de 18 ans.

Pourquoi c'est un sport

À l'origine, le frère de Bas, prénommé Willem Korsten, a imaginé ce jeu lorsqu'il évoluait à Tottenham. Le footballeur avait pris l'habitude de terminer ses sessions d'entraînement en frappant le ballon jusqu'aux vestiaires en tapant le moins de coups possible.

On aurait préféré l'ignorer

Contrairement à la balle de golf, le ballon de foot flotte sur l'eau. Une particularité qui est parfois un peu pénible, puisqu'il faut attendre qu'il soit totalement arrêté pour rejouer.

La star

Ils sont deux. Ils s'appellent Domenech et Anelka. Didier Anelka, le frère de l'ancien attaquant du PSG, ainsi que Geoffroy Domenech, joueur amateur reconverti, ont tous les deux porté le maillot de l'équipe de France lors de la Coupe du monde 2018. Le plus beau, c'est qu'ils sont champions du monde. Comme quoi, « tout peut arriver dans le football », disait Lilian Thuram dans *Les Yeux dans les Bleus* (1998).

« Le golf est une agréable promenade gâchée par une petite balle blanche. »

Mark Twain

Ce que cela nous apprend sur l'humanité

Que l'homme aime élargir les trous.
Voilà, c'est tout pour moi ! Bonne soirée !

5 Ce que cela nous apprend sur l'humanité

Que les futurs maîtres de la francophonie sont africains. En neuf éditions des championnats du monde de classique, le continent a fourni quatre vainqueurs et cinq finalistes, et ce en dépit des problèmes récurrents liés aux visas.

SCRABBLE

Déchiffrer des lettres

LES RÈGLES

Normalement, on les connaît tous plus ou moins : on a tous tenté une partie un dimanche chez mamie. Chaque joueur tire sept lettres et tente de former des mots sur la grille à la manière des mots croisés. Chaque lettre a une valeur et les mots rapportent la somme des lettres qui les composent. Faire un « scrabble », c'est-à-dire placer ses sept lettres d'un coup, donne une prime de 50 points. La partie s'achève quand le sac de lettres est vide : celui qui a le plus de points l'emporte.

L'HISTOIRE

Conçu en 1931 par l'architecte new-yorkais Alfred Mosher Butts, le Scrabble est un jeu de stratégie qui se pratique en clubs ou sur Internet. Il existe trois championnats du monde : l'anglophone, le francophone et l'hispanophone. *Fun fact* : les anglophones adorent le scrabble classique, tandis que les francophones préfèrent le « duplicate », une version qui tend à éliminer le hasard et la stratégie. Fun, non ?

On aurait préféré l'ignorer

Le meilleur coup théorique, bonus compris, est un abominable « déshypothéquiez » de 1 797 points.

La star

Quadruple champion du monde anglophone, le Néo-Zélandais Nigel Richards a la particularité d'être double champion du monde francophone sans parler la langue de Molière. Son secret ? Avoir appris le dictionnaire par cœur en moins de deux mois.

« Scrabble : jeu où le Q vaut encore plus cher que dans la vie de tous les jours. »

Jacques Sternberg,
auteur belge

LE CHIFFRE

20 000

licenciés s'affrontent dans le monde sur la version francophone.

Pourquoi c'est un sport

Le Scrabble présente une part de hasard liée aux lettres tirées ou à l'influence des jokers. Néanmoins, sur un grand nombre de parties jouées, l'aléa tend à devenir négligeable comparé à l'expertise du joueur.

Dès le début des années 1800, le pédagogue allemand Friedrich Fröbel considérait que l'assemblage, le tressage, le pliage et le découpage du papier représentaient une aide au développement des enfants.

LANCER D'AVIONS EN PAPIER

Histoire de s'envoyer en l'air

On aurait préféré l'ignorer

Pour battre le record du monde, il faut privilégier un papier Conqueror CX22 blanc cristal de 100 g/m² non watermarké.

LES RÈGLES

Bienvenue aux pros des origamis. Seules sont autorisées les feuilles de papier vierges, format A4, non découpées et non déchirées, ne pesant pas plus de 100 grammes. Pas de colle, pas d'agrafes, pas de scotch, seulement du pliage. Le lancer doit s'opérer en position statique, les pieds sur une ligne peinte au sol. Ça ne déconne pas, hein.

L'HISTOIRE

Voilà maintenant près de vingt ans que Red Bull, la marque de boissons énergisantes, organise une compétition de vol d'avions en papier. Après des sélections dans chaque pays, les finalistes s'affrontent dans un hangar de l'aéroport de Salzbourg, un immense espace intérieur protégé du vent. Red Bull donne vraiment des ailes.

La star

Avec son jet incroyable de 69 mètres, l'Américain Joe Ayoob détient le record du monde de la discipline depuis 2012. Outre la conception de son avion, il doit sa victoire à son passé de quaterback au football américain ainsi qu'à un entrainement drastique de dix-huit mois au lancer.

LE CHIFFRE

10,68 secondes

la durée de vol record de l'avion créé par le Libanais Elie Chemaly.

> « Un bel avion est un avion qui vole bien. »

Marcel Dassault,
entrepreneur français

Pourquoi c'est un sport

Quand on envoie un avion en papier à plus de 60 mètres, on est dans la haute performance. « *Nakamura Lock* », « *Champ* », « *Sky King* »… Les techniques d'origami sont complexes. L'Américain John Collins, designer officiel du champion du monde, en a fait son métier après avoir été viré d'une banque.

7

ÉCHECS

64 cases qui vont vous conduire aux frontières de la folie…

LES RÈGLES

Elles sont trop longues à détailler ici. Sachez seulement que le jeu oppose deux joueurs autour d'un échiquier composé de 64 cases blanches et noires. Chaque joueur possède au départ un roi, une dame, deux tours, deux fous, deux cavaliers et huit pions, soit un total de 16 pièces qui disposent de caractéristiques particulières. Par exemple, le fou attaque en diagonale, la tour attaque de manière horizontale et le cavalier peut sauter les lignes ennemies. À tour de rôle, chaque joueur déplace une de ses seize pièces de manière à construire une position, puis à infliger à son adversaire un échec et mat, une situation dans laquelle le roi d'un joueur est en prise sans qu'il soit possible d'y remédier.

L'HISTOIRE

Jeu de réflexion parmi les plus populaires au monde, les échecs sont nés en Orient, probablement en Inde. La première référence écrite sur le jeu de Shatranj, l'ancêtre des échecs, le fait remonter à l'an 600. On la doit à l'historien arabe As-Suli, qui narre l'histoire de Murwadi, un souverain un peu flambeur qui parie son épouse favorite dans une partie contre un prince étranger. Ce que l'on sait de source sûre, c'est que le jeu a été introduit dans le sud de l'Europe à partir du Xe siècle par les Arabes. Les règles actuelles se fixent vers la fin du XVe siècle, tandis que le jeu gagne en popularité. Le premier tournoi de l'ère moderne a lieu à Londres en marge de l'Exposition universelle de 1851.

LE CHIFFRE

18 979 564 000

soit le nombre de manières de jouer les quatre premiers coups d'une partie. Ça, c'est ce qu'on appelle l'embarras du choix.

L'ANECDOTE POUR BRILLER

À l'origine, la reine était une pièce masculine, qui symbolisait le conseiller du roi ou les vizirs. Mais selon l'historienne Marilyn Yalom, le surgissement de femmes comme Adélaïde de Bourgogne ou la princesse byzantine Theophano Skleraina dans l'espace politique aurait poussé à la féminisation de la pièce autour de l'an 1000. Si ça, c'est pas le début du Girl Power ?!

La star

Ogre des années 1990, le russe Garry Kasparov reste considéré comme le joueur le plus flamboyant de l'histoire. Le Norvégien Magnus Carlsen, champion du monde depuis 2013, marche sur ses traces avec la même efficacité, mais avec un style plus prudent. *Norvegian style.*

La stratégie de l'échec

« Si vous voulez détruire un homme, apprenez-lui à jouer aux échecs. »

Oscar Wilde

Trois questions à Fabien Libiszewski, grand-maître français

Outre les connaissances théoriques, quels ingrédients faut-il pour gagner aux échecs ?

Il faut un gros mental, mais surtout de l'envie, de la motivation, de la confiance aussi pour tenter certains coups. Aux échecs, même quand tu arrives à être mieux dans une position donnée, ça ne veut pas dire que tu vas l'emporter, loin de là ! Il faut réussir à garder la tête froide et à gagner mécaniquement, telle une machine, et c'est souvent le plus difficile.

Les grands-maîtres d'aujourd'hui semblent de mieux en mieux préparés...

Il y a une tendance à l'ultra-professionnalisation. Aujourd'hui, les talents sont repérés de plus en plus jeunes, mais ce qui a véritablement bouleversé le jeu, c'est l'arrivée de l'informatique. Maintenant, tout le monde a accès aux analyses, ce qui fait que le niveau moyen a énormément augmenté. Avant, on devait se débrouiller seul, c'était un truc d'initiés. Il fallait penser par soi-même et le savoir accumulé faisait la différence lors des tournois. Mais depuis l'arrivée des ordinateurs, l'important est de bien calculer pour obtenir un gros répertoire d'ouvertures, c'est-à-dire les premiers coups de la partie appris par cœur. Si tu ne travailles pas les variantes avec l'ordi, c'est bien simple, tu vas à l'abattoir. Il faut bosser tout le temps. Tu ne peux plus vraiment faire la différence sur ta classe naturelle.

On sent une pointe de regret ?

Oui, parce qu'à mon sens, on est en train de créer à la chaîne des joueurs stéréotypés. Le jeu s'appauvrit, car son évolution empêche de jouer certaines ouvertures douteuses qui avant étaient jouables, car compliquées à réfuter seul devant un échiquier. Dorénavant, il ne s'agit plus que de réciter sa leçon et faire marcher sa mémoire. Donc, tout ça donne globalement des parties chiantes. Déjà que le jeu n'est pas très télévisuel, si en plus les pratiquants s'ennuient, où va-t-on ? C'est pour ça que je suis un grand supporter du raccourcissement des cadences et des tournois à élimination directe. Quand un joueur réfléchit pendant une heure, il ne se passe absolument rien à l'écran et c'est un grand frein à la popularisation de ce jeu magnifique.

Un bon gros samedi soir de folie

On aurait préféré l'ignorer

Trois joueurs français de haut niveau, Sébastien Feller, Arnaud Hauchard et Cyril Marzolo, ont été accusés de triche lors des Olympiades d'échecs disputées en Russie en 2011. Impressionnant pendant le tournoi, Feller aurait glané sa médaille grâce à des SMS envoyés entre Marzolo, placé devant un ordinateur, et Hauchard, qui lui communiquait les meilleurs coups de manière codée. Assez smart les gars, quand même !

Ce que cela nous apprend sur l'humanité

Que notre cerveau a ses limites puisque nous sommes désormais supplantés par la machine. En effet, la capacité à jouer au « roi des jeux » fut l'un des premiers objectifs des concepteurs d'ordinateurs désireux de repousser les limites de l'intelligence artificielle. En 1997, le match entre Garry Kasparov et Deep Blue, l'ordinateur d'IBM, marque la défaite du champion de l'espèce humaine. Depuis, l'écart n'a fait que se creuser. En 2017, un nouveau logiciel créé par Google et baptisé Alpha Zéro a montré la marche à suivre vers toujours plus d'efficacité en ridiculisant Stockfish, le programme qui faisait jusqu'ici office de référence. Le journal anglais *The Guardian* a parlé d'une « percée majeure pour l'intelligence artificielle ».

Pourquoi c'est un sport

Parce que comme le disait feu Napoléon Ier, « c'est trop difficile pour être un jeu, et pas assez sérieux pour être une science ou un art. » Donc c'est un sport.

8

Ce que cela nous apprend sur l'humanité

Que les Suisses n'aiment pas la violence, c'est pourquoi ils sont neutres depuis 1815 et le Congrès de Vienne.

TCHOUKBALL

Fragiles et douillets bienvenus

LES RÈGLES

Le tchoukball est un sport de balle et d'équipe qui se joue à l'aide de deux surfaces de renvoi, deux petits trampolines inclinés situés à chaque extrémité du terrain, appelés « cadres ». Sans faire plus de trois passes, le but est de faire rebondir la balle sur le plan incliné de façon que l'équipe adverse ne puisse pas la récupérer avant qu'elle ne touche le sol.

L'HISTOIRE

Né en Suisse romande en 1971, le tchoukball a pour but initial d'encourager les gens à faire de l'activité physique en réduisant au maximum les risques de blessures. Il interdit à ce titre tout contact et toute obstruction entre les joueurs. Des valeurs qui ont séduit au-delà des frontières, notamment à Taïwan, où ce sport est devenu très populaire.

On aurait préféré l'ignorer

L'utilisation de matériel de gymnastique non adapté, assez répandue, fait perdre beaucoup d'intérêt et de dynamique au jeu.

La star

Avec six titres mondiaux sur huit, chez les hommes comme chez les femmes, la Chine écrase poliment la planète.

« La paix universelle se réalisera un jour non parce que les hommes deviendront meilleurs, mais parce qu'un nouvel ordre, une science nouvelle, de nouvelles nécessités économiques leur imposeront l'état pacifique. »

Anatole France

Pourquoi c'est un sport

Le tchoukball est né des recherches du Dr Hermann Brandt, un médecin genevois pour qui le sport ne doit pas aboutir à la fabrication de champions, mais « contribuer à l'édification d'une société humaine valable ».

Que nos civilisations modernes doivent beaucoup à l'Antiquité puisque *omni* signifie « tout » en latin et *kinesis* « mouvement » en grec.

KIN-BALL

Vive l'esprit d'équipe !

LES RÈGLES

Aucun contact physique n'est autorisé entre les joueurs. Concrètement, trois équipes de quatre se font face sur le terrain, avec des maillots gris, bleu et noir. Le but est de servir l'énorme ballon et de l'envoyer dans un endroit stratégique afin que l'équipe adverse ne puisse pas le récupérer avant qu'il ne touche le sol. L'équipe qui a le ballon choisit une des équipes adverses en l'appelant par sa couleur, précédé du mot « Omnikin ». Au moment de la frappe, les quatre joueurs de l'équipe attaquante doivent être en contact avec le ballon. Si ce n'est toujours pas clair, regardez une vidéo sur Internet, c'est beaucoup plus parlant et ça vaut le coup !

On aurait préféré l'ignorer

Doté d'un diamètre de 1,22 m, le ballon est constitué d'une enveloppe synthétique et d'une vessie en caoutchouc.

L'HISTOIRE

La première utilisation de la balle remonte à 1985, mais le sport a vraiment été codifié en août 1987 par la compagnie Omnikin, qui regroupait alors les éducateurs physiques des universités québécoises. La première Coupe du monde a été organisée en 2001.

« Se réunir est un début, rester ensemble est un progrès, travailler ensemble est la réussite. »

Henry Ford

La star

Étant donné la nature coopérative de ce sport, aucune individualité ne ressort. Sachez cependant que le Canada a remporté huit des neuf titres mondiaux chez les hommes, et tous les titres chez les femmes.

LE CHIFFRE

3,8 millions

Le nombre de pratiquants dans le monde.

Pourquoi c'est un sport

Au-delà du jeu, le kin-ball est une leçon de vie et d'esprit d'équipe. Les joueurs doivent en permanence avoir une conduite respectueuse sous peine d'être sanctionnés par l'arbitre.

OFFICIAL
INTERNATIONAL

10

PÊCHE SPORTIVE

Pour les amateurs de grosses prises

LES RÈGLES

Elles varient selon les zones de pêche, les espèces ciblées et la stratégie employée par le pêcheur. Par exemple, ce dernier peut choisir de pêcher une truite à la mouche ou de chasser le thon en haute mer à l'aide de matériel sophistiqué, ce qui n'a rien à voir. Le plus souvent, la pêche sportive se pratique avec un crochet, une ligne, une canne et un moulinet et nécessite l'obtention d'une licence sportive. Cette dernière garantit un certain état d'esprit ainsi qu'une forme de « respect de l'adversaire » qu'est le poisson, quand même. Selon des compétitions, le but peut être de capturer les plus grosses prises ou le plus grand nombre de poissons possible en un temps limité.

LES CHIFFRES

40 millions

de pêcheurs aux États-Unis, soit plus que les golfeurs (24,4 millions) et les tennismen (10,4 millions) réunis.

50 000

compétitions de pêche sont organisées chaque année aux États-Unis.

6 261 476,33 dollars

soit le total des gains en carrière du légendaire Kevin VanDam, le meilleur pêcheur de bar de la planète.

L'HISTOIRE

La pêche s'est structurée en tant que pratique sportive ces dernières années en Amérique du Nord, où certains tournois sont progressivement devenus des circuits de compétitions majeurs, et où les meilleurs pêcheurs sont désormais sponsorisés par les plus grandes marques. Elle tend donc à être considérée comme un sport à part entière avec de plus en plus de pratiquants, des compétitions dans le monde entier, mais également des pêcheurs recherchant à dépasser leurs limites et à faire tomber de nouveaux records. Ces derniers sont recensés par l'International Game Fish Association, qui tient sur Internet une base de données sur plus de 400 espèces et organise les championnats du monde. En France, la pêche sportive est classée depuis 2002 comme activité physique et sportive par le ministère des Sports.

L'ANECDOTE POUR BRILLER

Originaire du Michigan, Ernest Hemingway était un grand amateur de pêche.
La légende veut qu'il soit arrivé en retard à son mariage à force de traîner sur les berges de la rivière Sturgeon. Initié dès l'âge de 3 ans par son père, avec qui il aimait vadrouiller dans la nature, il s'aventura en haute mer à partir de 30 ans. C'est à cette occasion qu'il pêcha l'un des plus grands marlins de l'histoire, lourd de 533 kilos ! Ses différents romans, comme *Le Vieil Homme et la Mer* ou *L'Adieu aux armes*, sont remplis de descriptions tirées de ses aventures personnelles, de ses victoires en tournoi et de ses souvenirs d'enfance, ce qui lui vaut l'estime de nombreux amateurs de pêche.

La star

Ce n'était peut-être pas le meilleur, mais Bernard « Lefty » Kreh est une légende. Pendant plus de cinquante ans, ce pionnier de la pêche à la mouche, décoré de tous les honneurs par la Fédération américaine et membre du Hall of Fame, a vulgarisé l'art de la pêche dans de nombreux livres qui font référence. Inlassable voyageur, Bernard a pêché dans absolument tous les États américains et toutes les provinces canadiennes, en plus de visiter de nombreux pays à l'étranger. Il reste connu pour avoir préparé l'un des appâts les plus efficaces du monde, le « Lefty's Deceiver ». Dans ses dernières années, malgré deux attaques cardiaques et une chute qui brisa son genou, il continua d'organiser des conférences sur la protection des espèces et pêcha pour le plaisir jusqu'à son dernier souffle, qu'il rendit en mars 2018, à l'âge de 93 ans.

« La pêche est un sport étrange puisqu'elle n'empêche guère ceux qui surveillent leur ligne de prendre du ventre. »

Noctuel,
écrivain français

Peinard, le Bernard !

Deux belles bêtes, et Thierry à droite

On aurait préféré l'ignorer

Depuis sept ans, le calendrier Carponizer met à l'honneur des mannequins qui posent en petites tenues en tenant dans leurs mains des carpes de plusieurs dizaines de kilos. On ne sait pas ce qui excite le plus les pêcheurs, mais le contraste est intéressant.

Ce que cela nous apprend sur l'humanité

Dans le passé, les pratiquants, même s'ils ne mangeaient pas leurs prises, les tuaient presque toujours pour les ramener à terre afin de les peser ou les conserver comme trophées. Mais maintenant que les ressources halieutiques (vous ne le connaissiez pas ce mot, hein ?) viennent à manquer, les pêcheurs sportifs libèrent le plus souvent les proies. Même en cas de record, ils marquent le poisson puis le libèrent, ce qui implique de le munir de plaques d'identité, d'enregistrer ses statistiques à l'état civil et d'envoyer un enregistrement à un organisme gouvernemental. Bref, pas mal de démarches administratives compliquées, alors qu'ils pourraient tout aussi bien le bouffer, ce qui témoigne d'une certaine évolution. Mais Thomas Thévenoud n'aime pas trop ça apparemment. Ouuuh ! Ça dénonce !

Pourquoi c'est un sport

La pêche requiert une part importante de stratégie – notamment en ce qui concerne l'amorçage et la préparation des appâts – mais nécessite surtout une bonne dose d'effort physique et de concentration pour les grosses proies.

Trois questions à Stéphane Pottelet, n° 1 français de pêche au coup en eau douce

Vous êtes un des fleurons de la pêche sportive française !

Effectivement, je suis classé numéro 1 mondial au ranking sur les dix dernières années, c'est une grande fierté. Cela fait presque trente ans que je fais de la compétition. En 2004, j'ai intégré l'équipe de France, avec laquelle j'ai remporté le championnat du monde et le championnat d'Europe par équipes. En individuel, j'ai été vice-champion du monde et je compte deux titres de champion de France. Ce qui me plaît avec la pêche au coup en eau douce, c'est la pluralité des parcours : on peut basculer d'un étang à un fleuve, en passant par le canal à péniches… Il y a aussi énormément d'espèces de poissons blancs qu'on peut rencontrer dans nos plans d'eau, ce qui fait que les défis sont nombreux. Nous, on pêche sur la berge avec des petites cannes à pêche, ce qui est assez différent, par exemple, de la pêche au carnassier qui est très populaire sur le circuit américain, où les mecs font ça en bateau. Ils vont exploiter la profondeur avec une grosse préparation préalable. La seule chose qu'on partage, c'est la passion de la recherche du poisson.

L'image d'Épinal de la pêche est celle d'une activité assez reposante. Personnellement, vous considérez-vous comme un sportif ?

Oui, absolument. L'effort physique n'est pas insurmontable, on peut pêcher de 7 à 77 ans, mais en revanche il y a une énorme part de technique et de mental. Le défi, c'est qu'on ne voit pas son partenaire de jeu. Quand on pratique la pêche au coup, il faut savoir lire à travers le courant, deviner à quel endroit et dans quelle zone vont se trouver les poissons les plus intéressants par rapport à la compétition. En fonction de la température ou du vent, j'arrive à déterminer les zones de passage des poissons. C'est un peu comme une équation mathématique qu'il faut parvenir à résoudre le plus rapidement possible. L'expérience aide beaucoup. Au départ, le novice ne voit rien, il faut au moins dix ans de pratique régulière pour commencer à maîtriser des trucs qu'on apprend nulle part ailleurs. Déceler ce qui se passe sous l'eau, ce n'est pas évident.

Et ça marche chaque fois ?

Quand les circonstances sont favorables, je peux prendre 500 poissons à l'heure. Pour le commun des mortels ça paraît incroyable, mais c'est possible quand on a la bonne technique. Chaque geste est millimétré, et avec l'expérience on arrive à être de plus en plus rapide quand il s'agit de décrocher le poisson puis de remettre l'appât. Quand on finit une session de quelques heures, on est épuisés. À l'inverse, quand les conditions sont mauvaises, ça peut arriver de ne prendre qu'un poisson dans l'heure ! Dans tous les cas, on pèse puis on relâche les prises, qui repartent globalement dans un bon état. On s'imagine volontiers que les pêcheurs mutilent les poissons, mais dans la réalité on prend un soin précieux à ne pas abîmer nos partenaires de jeu. Personnellement, j'éprouve vraiment du plaisir quand il s'agit de les remettre à l'eau !

11

CALCUL MENTAL

« Le compte est bon »

LES RÈGLES

La Coupe du monde se compose de dix épreuves, comme la multiplication de deux nombres à huit chiffres, l'extraction de la racine carrée à partir d'un nombre de six chiffres ou encore le calcul du jour de la semaine à partir de dates aléatoires. Toutes les questions doivent être résolues mentalement, sans le moindre support écrit. Tendu.

L'HISTOIRE

Popularisé depuis 1972 en France grâce à l'émission « Des chiffres et des lettres », le calcul mental est une discipline qui se structure sur le plan international. La première Coupe du monde de la spécialité s'est déroulée en 2004 et est désormais organisée tous les deux ans en Allemagne. L'autre compétition majeure est celle des Mind Sport Games, qui a lieu chaque année depuis 1998.

L'ANECDOTE POUR BRILLER

Selon Jean-Claude Van Damme, parfois « 1 + 1 = 11, et ça c'est beau ».

LE CHIFFRE

33

athlètes venus de 17 pays ont participé à la dernière Coupe du monde à Wolfsburg en 2018.

Sympa le petit T-shirt moulax

Ce que cela nous apprend sur l'humanité

Que l'ascension sociale demande une certaine dose de calcul. Demandez donc à Bertrand Renard, l'animateur « Des chiffres et des lettres ». À l'âge de 19 ans, ses douze victoires consécutives lui ont permis d'empocher 6 000 francs. Une performance remarquée qui a valu au brillant moustachu de devenir par la suite l'un des piliers de l'émission.

On aurait préféré l'ignorer

Bertrand Renard a pour hobby de mémoriser les dates de naissance et de mort de nombreuses personnalités célèbres.

« En permettant l'homme, la nature a commis beaucoup plus qu'une erreur de calcul : un attentat contre elle-même. »

Emil Cioran,
philosophe roumain

La star

Âgé de 53 ans, l'Allemand Gert Mittring est la référence mondiale du calcul mental. On parle ici d'un homme capable de sortir la 89 247e racine d'un nombre à six chiffres en 6 minutes et 1,4 seconde. Bref, le gars est chaud. Depuis sa première participation à l'épreuve des Mind Sport Games en 2004, le grand-maître n'a raté la médaille d'or qu'à quatre reprises. On vous laisse calculer combien de titres ça lui fait.

12

COURSE DE BÉBÉS

Parents, mode d'emploi

LES RÈGLES

La règle de base est que le bébé ne sache pas encore marcher. Les athlètes sont alignés sur la ligne de départ. Traditionnellement, leurs pères les surveillent pour éviter un faux départ. Une fois la course lancée, les bébés sont lâchés tels des fauves sur un tapis rouge de 5 mètres de long (en Lituanie notamment), mais cette distance peut varier selon les organisateurs. Pour tenter de motiver les sprinteurs à quatre pattes, leurs mères, depuis la ligne d'arrivée, agitent frénétiquement des sucettes, des peluches, des téléphones portables, des boîtes de Lego ou même des bagels… Bref, tous les coups sont permis.

L'HISTOIRE

Avant d'être popularisée aux États-Unis à la mi-temps des matchs de basket, la pratique s'est surtout développée à Vilnius, en Lituanie. C'est même une institution dans ce petit pays de 3 millions d'habitants, puisque la course est organisée chaque année depuis 1999 à l'occasion de la Journée internationale de la protection des droits de l'enfance. Bien vu, les gars !

LE CHIFFRE

6 à 12 mois

L'âge légal des participants.

Ce que cela nous apprend sur l'humanité

Que la motricité des nourrissons se développe le plus souvent entre 10 et 18 mois d'existence.

La star

En janvier 2017, le désormais légendaire Baby Miles a offert aux spectateurs du match NBA entre les Pistons de Detroit et le Heat de Miami un duel d'anthologie avec le dénommé Baby Jake, qui s'est conclu à la photo-finish.

On aurait préféré l'ignorer

Apparemment, les iPad sont un stimulus intéressant pour faire avancer les gosses.

« Bébé. Créature difforme à l'âge, au sexe et à la condition indéterminés, hautement remarquable par la violence des sympathies et des antipathies qu'elle provoque chez les autres, sans exprimer elle-même de sentiment ni d'émotion. »

Ambrose Bierce,
journaliste et écrivain américain.

Pourquoi c'est un sport

Cela a ringardisé les spectacles de cheerleaders.

13

Pourquoi c'est un sport

La discipline nous apprend à repousser toujours plus loin les limites humaines du self-control.

BARBICHETTE CUP

Je te tiens, tu me tiens...

On aurait préféré l'ignorer

En 2002, la marque Puma, alors sponsor de Robert Pirès, lui aurait interdit de se raser sa petite barbichette parce que cela constituait « une partie de son image ». Il devait également garder les cheveux longs par contrat avec les shampoings Pétrol Hahn. *True story.*

LES RÈGLES

Bon, normalement, tout le monde les connaît hein, mais bon, on ne sait jamais. Le jeu de la barbichette se pratique à deux. Il consiste à se placer face à face en se regardant dans les yeux et en se tenant mutuellement le menton avec la main. Les deux concurrents commencent à chanter ensemble une comptine, après quoi, comme le racontent les paroles de la chanson, le but du jeu est de rester le plus longtemps possible dans cette posture sans esquisser le moindre rire ou sourire. Le premier qui cède perd, et donne ainsi à son adversaire le privilège de lui octroyer une petite gifle sur la joue.

L'HISTOIRE

Le jeu de la barbichette est une variante d'un jeu de société autrefois appelé *Je vous pince sans rire*, dans lequel un joueur assis devant une assemblée subissait de la part d'un maître du jeu des pincements successifs sur le visage. Bien entendu, les doigts étaient enduits de noir de fumée afin de provoquer d'étranges maquillages. À chaque pincement, le maître du jeu prononçait la phrase « Je vous pince sans rire ». Si un membre de l'assemblée venait à s'esclaffer, il prenait la place assise et devenait à son tour la « victime ».

« Si derrière toute barbe il y avait de la sagesse, les chèvres seraient prophètes. »

Proverbe arménien

La star

On attendait le rappeur La Fouine, mais c'est la jeune Leyna, agée de 8 ans, qui a remporté la première édition de la Barbichette Cup, organisée en juin 2017, à Paris, par la chaîne de télévision Boomerang. Voici ses conseils pour progresser : « Il faut bien tirer la langue, mais surtout faire n'importe quoi avec sa bouche et ses yeux ».

LE CHIFFRE

3550

Le nombre d'heures qu'un homme passera en moyenne à s'occuper de sa barbe dans sa vie. Pour Sébastien Chabal, ça sera le double, on le sait très bien.

Ce que cela nous apprend sur l'humanité

Que la barbiche est un signe de pouvoir puisque, dans l'Égypte antique, la barbe postiche des pharaons était un attribut partagé avec les dieux anthropomorphes et les séparait symboliquement du commun des mortels.

Qu'il y a plus de 60 000 mots dans le dictionnaire, mais que le Français moyen n'en connaît que 5 000.

Concours d'orthographe

À vos stylos

LES RÈGLES

Avec l'auxiliaire « être », le participe passé du verbe conjugué s'accorde en genre et en nombre avec son sujet. Mais attention : avec l'auxiliaire « avoir », il s'accorde en genre et en nombre avec le COD, quand celui-ci est placé avant le verbe. S'il est placé après, alors le participe passé reste invariable.

L'HISTOIRE

Avant d'être mise à l'honneur en 2019 sur France 3 avec l'émission « Tous prêts à la dictée », la discipline a reçu ses lettres de noblesse avec les « Dicos d'or » de Bernard Pivot, un championnat d'orthographe diffusé à la télévision entre 1985 et 2005, qui porta quelques années le titre de « championnat du monde ». Depuis, des centaines de concours de dictées sont organisés chaque année dans l'Hexagone et à l'étranger.

On aurait préféré l'ignorer

À 20 ans, quand il s'est intéressé au patois angevin, Guillaume Terrien a fini par en faire un mini-dictionnaire. On est vraiment foufou quand on a 20 ans !

La star

Champion de France, le redoutable Guillaume Terrien avait 24 ans quand il a fait trois sans-faute consécutifs à la fameuse épreuve de Pivot. Il a en outre remporté quatre fois le championnat international suisse, probablement la dictée la plus difficile du monde. Depuis, le règlement de l'épreuve a été changé afin qu'il ne puisse plus participer. Faut que tout le monde s'amuse, hein.

LE CHIFFRE

250

Le nombre de candidats qui ont participé au championnat du monde d'orthographe donné au siège des Nations unies en 1992.

Pourquoi c'est un sport

Si « les écharpes effrangées de tussah », les « manteaux en breitschwanz », « le schibboleth » et les « poussahs maous » ne vous sont pas familiers, vous risquez de galérer.

15

FLÉCHETTES

Précision extrême, bière à volonté et tribunes garnies

LES RÈGLES

Deux joueurs s'affrontent en duel et envoient trois fléchettes chacun leur tour, à une distance réglementée. Ils partent généralement avec un score de 301 ou de 501 et doivent être les premiers à « check out », c'est-à-dire à redescendre à zéro en touchant les bonnes zones de la cible. La dernière flèche doit atteindre un double ou bien le cœur de la cible. Si le joueur descend en dessous de zéro, on dit qu'il casse : son tour est terminé et il revient au précédent score. Un match ordinaire se joue au meilleur des cinq sets, mais ce chiffre peut monter à treize pour les finales. Ce sont les règles en compétition, mais il existe cependant bien d'autres jeux et variantes qui permettent de tromper la lassitude dans les pubs.

On aurait préféré l'ignorer

En 2018, en finale du tournoi de Wolverhampton, le Néerlandais Wesley Harms a accusé son adversaire, l'Écossais Gary Anderson, d'avoir pété pendant toute la partie pour le déconcentrer. « Il me faudra deux nuits pour que cette odeur s'enlève de mon nez », commentait Harms tandis que son adversaire s'était défendu en déclarant : « S'il pense que j'ai pété, il se trompe à 1 000 %. Je jure sur la vie de mes enfants que ce n'était pas moi. J'ai eu mal au ventre une fois pendant un match et je l'ai dit ».

L'HISTOIRE

L'apparition des fléchettes remonte au Moyen Âge. Certains historiens affirment que ce jeu d'adresse a été inventé dans une auberge par les redoutables archers anglais, vainqueurs de la bataille d'Azincourt en 1415. Très vite, il devient un passe-temps extrêmement populaire à la cour des Tudor. En 1534, on sait par exemple que Anne Boleyn offrit à son mari Henri VIII un jeu de fléchettes finement ciselé par les maîtres espagnols de Biscaye. Son homologue français, le roi Charles VI, était lui aussi un fervent adepte. Quoi qu'il en soit, la pratique des *darts* a véritablement explosé au début du XXe siècle, et reste inextricablement liée à la culture des pubs. Au plus haut niveau, il existe un nombre impressionnant de compétitions aux Pays-Bas, en Allemagne et en Angleterre. Ces dernières attirent des milliers de spectateurs, sont retransmises par Sky Sports et sponsorisées par des sites de paris en ligne. Au niveau international, malgré des divisions sérieuses entre les fédérations, la World Darts Federation organise des compétitions depuis 1976 et milite pour une reconnaissance olympique.

Ce que cela nous apprend sur l'humanité

D'après le boss Barry Hearn, qui organise plus de 500 tournois à l'année pour la PDC, on sait enfin ce que veulent les fans. « Ils veulent dépenser maximum 100 livres pour une soirée. Donc tu fais le ticket d'entrée à 40 livres, ils dépensent 40 autres livres pour se payer un gros coup à boire et ils ont peut-être 20 livres pour parier. Après ça, ils rentrent contents ». Fallait y penser !

« Ils ne vivent pas comme des moines. En 35 ans dans le milieu, je n'ai rencontré qu'un seul joueur sobre. »

Sid Waddell,
la voix des fléchettes sur Sky Sports et la BBC

LES CHIFFRES

7000
spectateurs ont assisté à la finale des championnats du monde disputés au Winter Garden de Blackpool en 2017.

70
fédérations sont affiliées à la World Darts Federation.

500 000 pounds
La dotation perçue par le vainqueur du PDC World Darts Championship.

La star

Doté d'une précision démoniaque, le légendaire Phil Taylor est une légende du jeu. Surnommé « The Power », il a remporté 14 fois le titre de champion du monde de la Professional Darts Corporation, qu'il a contribué à créer, avec huit victoires d'affilée entre 1995 et 2002. S'imposant dans plus de 200 tournois professionnels, il a été élu six fois Meilleur joueur de la planète et fut deux fois nominé par la BBC au concours de la personnalité sportive de l'année. Parmi ses exploits les plus célèbres, il fut le premier athlète à réaliser deux neuf-flèches – soit deux manches parfaites – dans la même partie contre James Wade en 2010. Désormais âgé de 58 ans, il a pris une retraite bien méritée en 2018, poussé vers la sortie par la nouvelle star du circuit, le Néerlandais Michael Van Gerwen.

L'ANECDOTE POUR BRILLER

Connu pour ses frasques, le footballeur italien Mario Balotelli a écopé en mars 2011 d'une amende de 100 000 pounds pour avoir balancé des fléchettes sur les jeunes du centre de formation de Manchester City qui passaient sous ses fenêtres. Sommé de s'expliquer devant la commission de discipline du club, l'Italien a expliqué qu'il « s'ennuyait ».

Un beau lever de coude

Pourquoi c'est un sport

Comme l'explique Michael van Gerwen, il faut réussir à se concentrer devant des milliers de spectateurs bourrés à la bière, qui hurlent des horreurs au moment fatidique : « Je pense mieux gérer la pression que les autres. C'est ce qui fait de moi le meilleur joueur du circuit. »

Trois questions à Thibault Tricole, triple champion de France de fléchettes

Comment devient-on champion de fléchettes ?

Je pense qu'il y a quelque chose qui relève du don d'adresse, car j'ai vite touché les bonnes zones en jouant dans des bars avec mon père et ses amis. J'ai maintenant plus de dix-sept ans d'expérience. Je ne peux pas rivaliser encore avec les meilleurs, mais mon objectif est d'intégrer l'élite mondiale dans quelques années. En tant que Français, on part avec un handicap : il y a peu de reconnaissance et de sponsors. C'est pour ça que je privilégie l'international : deux week-ends sur trois je suis à l'étranger. Aujourd'hui, je suis semi-pro, je suis classé 35e mondial à la BDO, qui est l'antichambre de la PDC, l'élite des fléchettes, qui représente 1 % des joueurs.

Qu'est-ce qui vous plaît dans ce jeu ?

J'ai tout de suite aimé la confrontation. Au plus haut niveau, le côté duel est mis en scène, cela peut même faire penser au catch, avec des rivalités qui excitent le public ! L'ambiance est souvent spectaculaire. En Angleterre, les stades de foot sont de plus en plus aseptisés, c'est pourquoi certains supporters migrent vers les fléchettes, où la bière coule à flots… Au milieu du vacarme, chaque joueur a une manche de 501 à faire. Il y a parfois un peu de cinéma, des joueurs qui prennent leur temps pour casser le rythme. Au moment du tir, on a le cœur qui s'emballe et la main qui tremble. On ne réfléchit pas trop, on vise une zone. Il faut terminer pile à zéro, c'est la subtilité. Quand on est devant au nombre de points, mais qu'on ne met pas le double au moment de conclure, c'est horrible et frustrant. Ça m'a fait pleurer quand j'étais jeune.

Considérez-vous les fléchettes comme un sport ?

On peut jouer avec de la bedaine et en buvant de la bière, mais je considère la discipline comme un sport à partir du moment où ça demande de nombreuses heures d'entraînement et une grosse préparation mentale. Certains matchs peuvent durer 1 h 30, cela ressemble à un marathon.
Les championnats du monde, ça dure trois semaines, ça demande de la rigueur…
Pour tenir, certains joueurs prennent de la cocaïne ou de l'alcool, car cela permet d'inhiber le stress. Mais ça affecte aussi la précision, donc il ne faut pas non plus en abuser. Il y a de plus en plus de contrôles anti-dopage pour soigner l'image de ce sport et lui donner de la crédibilité.

pesäpallo

Le baseball finlandais

LES RÈGLES

Opposant deux équipes de neuf joueurs, une partie est jouée en deux périodes de quatre manches. Au cours d'une manche, les deux équipes attaquent et défendent à tour de rôle. Comme au baseball, l'attaque essaie de marquer en frappant la balle avec une batte puis en courant à travers les buts, tandis que la défense tente de sortir le frappeur et les coureurs en les mettant hors jeu.

L'HISTOIRE

Le pesäpallo a été créé en 1912 par le professeur Lauri Pihkala, qui s'est inspiré des règles du baseball et du cricket. Le sport est devenu professionnel en Finlande avec la création d'une ligue nationale en 1931, alors uniquement masculine. La ligue féminine a été fondée en 1955. Souvent considéré comme le sport national finlandais, le pesäpallo a été mis à l'honneur comme sport de démonstration lors des Jeux olympiques d'Helsinki en 1952. Depuis, il est aussi pratiqué en Allemagne, en Suède, en Suisse, en Australie, en Nouvelle-Zélande, au Japon et dans les pays baltes.

On aurait préféré l'ignorer

La Superpesis a été secouée à la fin des années 1990 par une terrible affaire de rencontres truquées. Plus de 460 personnes ont été interrogées par la police, et la perte accusée par l'organisme finlandais des paris s'est élevée à 2,3 millions d'euros.

L'ANECDOTE POUR BRILLER

Depuis la création de la C oupe du monde en 1992, la Finlande a remporté absolument tous les titres en jeu chez les hommes, les femmes et en équipe mixte, ce qui fait 24 médailles d'or. Venez les chercher.

Ce que cela nous apprend sur l'humanité

L'idée originelle de ce sport était de rapprocher les Finlandais et de créer une identité nationale. Pihkala a été influencé par ses études sur le rôle du baseball aux États-Unis. Mission réussie: le pesäpallo est devenu le sport national et le troisième en termes de pratiquants derrière le hockey sur glace et le football.

LE CHIFFRE
6 000
Le nombre de clubs de pesäpallo en Finlande.

Mollo sur les sponsors, les gars

La star

Douze fois élu Meilleur joueur de l'année, Toni Kohonen est la grande star actuelle du jeu. Serrurier dans le civil, il a remporté dix fois la Supersesis, le championnat local, et a battu en mai 2014 le record de points marqués auparavant détenu par Kari Kuusiniemi. Sacré Toni !

« Le baseball est 90 % mental. L'autre moitié est physique. »

Yogi Berra,
joueur américain.

Pourquoi c'est un sport

L'une des différences avec le baseball est que la balle est lancée verticalement, ce qui permet beaucoup plus facilement de contrôler la puissance et la direction du coup. Cela donne au jeu offensif plus de variété, de vitesse et d'aspects tactiques.

ahlsell
SKAALA
RANTA
haukkala

17

CACHE-CACHE

On y a tous joué au moins une fois pendant notre enfance. Mais désormais, le cache-cache est aussi un sport de vieux rusés

LES RÈGLES

Elles diffèrent de celles de la cour de récré et se rapprochent parfois de « 1,2,3 Soleil » – le jeu, pas le célèbre album des Avengers du raï. Disputée en plein air, chaque manche dure cinq minutes et voit s'affronter 16 concurrents issus d'équipes différentes qui ont une minute pour se cacher derrière des obstacles. Le but est de tromper la vigilance d'un attrapeur neutre, qui garde une bouée au milieu du terrain. Quand ce dernier a le dos tourné, il faut sprinter pour atteindre la bouée sans se faire griller. Le premier joueur à atteindre la bouée sans être touché récolte 20 points, le second 19, et ainsi de suite selon un système dégressif. En revanche, ceux qui sont repérés avant de se mettre à courir ou ceux qui manquent de vélocité sont sanctionnés d'un terrible zéro. Chaque équipe compte cinq représentants, dont on additionne les points au fur et à mesure, jusqu'à désigner les grands gagnants au bout de quinze manches.

Quand Élise Lucet est à tes trousses

L'HISTOIRE

Depuis la première édition organisée à Bergame à l'été 2010, le succès va croissant pour cette compétition dont l'ambiance festive fait un peu penser à « Intervilles ». Elle attire le temps d'un week-end des étudiants en goguette ou des pères de famille déguisés en combinaisons furtives.

LE CHIFFRE

70

Le nombre d'équipes venues du monde entier qui ont participé aux championnats en 2017.

La star

Plus que Jérôme Cahuzac ou Paul Bismuth, valeureux candidats, on vote pour Oussama Ben Laden. La CIA a cherché le terroriste pendant des années, tandis qu'il se terrait dans des grottes afghanes. Mais là où le boss d'Al Qaida est balèze, c'est qu'il a réussi à faire disparaître son corps une fois attrapé !

« Voyez-vous, plus l'heure est grave, plus on joue à cache-cache avec soi-même. »

Roger Martin du Gard,
prix Nobel de littérature en 1937

Élise Lucet chassant sa proie

Trois questions à Giorgio Moratti, organisateur du Nascondino World Whampionship

Comment expliquer le succès croissant de votre compétition ?

Tous les pays du monde jouent à cache-cache, c'est dans nos gènes. Lors de la préhistoire, l'homme devait tout le temps se cacher. C'est pareil pour les animaux : les petits se cachent des gros. Il n'y a pas de jeu plus naturel. Pour exceller, il faut être à la fois rapide, discret et avoir une stratégie. Les garçons courent plus vite, mais les filles sont plus intuitives. Il faut aussi savoir jouer en équipe. Même si tu joues seul dans chaque manche, il est important de parler avec tes coéquipiers pendant les pauses afin de faire partager ton expérience des différentes cachettes.

Quelles sont les nationalités les mieux représentées ?

Il y a beaucoup plus d'Italiens que d'étrangers, même si les Français ont brillé récemment en remportant le titre en 2016. On appelle ça les championnats du monde, mais c'est plus un titre officieux qu'officiel. J'aimerais vraiment qu'on ait encore plus d'équipes venues du monde entier à l'avenir, parce que je suis conscient du potentiel.

Quelles sont vos ambitions ?

J'aimerais faire de ce jeu un sport reconnu à part entière, qu'il soit underground ou indépendant. Mon ambition ultime, c'est de figurer aux Jeux olympiques. Il y a quatre ans, on a décroché un entretien avec Yasuo Hazaki, un des commissaires olympiques de Tokyo 2020. Il était vraiment intéressé. Il nous a demandés quelles étaient les règles et nous a assuré que c'était possible d'inscrire le cache-cache aux Jeux. Finalement le timing s'est avéré trop serré, mais j'y crois. Après tout, des sports comme le curling ou le tir à la carabine sont présents, je ne vois pas pourquoi ce ne serait pas notre cas. Yasuo Hazaki nous a aidés à prendre conscience de ce qu'on était en train de réaliser.
Ce championnat, ce n'est qu'une étape vers quelque chose de plus grand, j'en suis persuadé.

L'ANECDOTE POUR BRILLER

Les vainqueurs se voient remettre une feuille de figuier, le symbole biblique de la pudeur. En effet, après avoir mangé le fruit de l'arbre de la connaissance du bien et du mal, Adam et Ève l'utilisèrent pour dissimuler leur nudité et masquer leur indécence. Ce n'est qu'à la Renaissance italienne que la feuille de figuier fut remplacée par une feuille de vigne, certes moins couvrante, mais plus esthétique !

On aurait préféré l'ignorer

Jusqu'au début du xxe siècle en France, ce jeu était appelé le « cligne-musette ».

Ce que cela nous apprend sur l'humanité

Parfois, certains enfants éprouvent le besoin de se cacher sans prévenir personne. Ils s'amusent à disparaître, juste pour voir la réaction de leurs parents. Quand l'enfant ne répond pas, l'angoisse monte ! C'est justement ce que voulait vérifier le petit qui attend, sans rien dire, au fond de sa cachette. D'un coup, il a l'agréable impression de « manquer » à quelqu'un : on le cherche, on l'appelle, on tient à lui. Dissimulé, il devient ainsi plus important que lorsqu'il était simplement présent. Au cours du jeu, l'enfant comprend ce que signifie le verbe « être » : c'est un état provisoire (car il pourrait disparaître), un état contingent (il pourrait ne pas exister) et en même temps un état nécessaire (puisque tout le monde est à sa recherche). C'est pourquoi jouer à cache-cache provoque des sentiments complexes. En explorant les frontières du visible et de l'invisible, le jeu nous interroge et nous rassure sur notre capacité à exister.

Certaines personnes ont déjà du mal à distinguer la droite de la gauche.

MÉMORISATION

Do you remember ?

Gueule de bois

LES RÈGLES

Il s'agit de mémoriser le maximum de données, comme des séries de chiffres, des listes de mots ou des paquets de cartes, en un temps imparti avant de les restituer dans l'ordre. Celui qui a la meilleure moyenne dans les dix épreuves du championnat du monde l'emporte.

L'HISTOIRE

Fondés par le psychologue britannique Tony Buzan, les World Memory Championships sont organisés chaque année depuis 1991 sous l'égide du World Memory Sports Council. Néanmoins, une fédération concurrente a vu le jour en 2016 sous le nom d'International Association of Memory. Il existe donc actuellement deux champions du monde, un peu comme à la boxe : le Chinois Wei Qinru pour la WMSC et l'Allemand Johannes Mallow pour l'IAM.

« La mémoire ne filme pas, la mémoire photographie. »

Milan Kundera,
écrivain tchèque

LE CHIFFRE

70 000

le record de décimales de *pi* récitées le 21 mars 2015 par l'Indien Rajveer Meena.

La star

Sacré trois fois champion du monde de 2015 à 2017 par la WMSC, l'Américain Alex Mullen est un phénomène. Âgé de 27 ans, il a déjà battu des records du monde dans plus de douze disciplines. Parmi ses exploits, l'apprentissage d'un paquet de 52 cartes en moins de 20 secondes et la mémorisation de 3 000 décimales aléatoires en moins d'une heure. Et toi qui ne te rappelles plus où tu as bien pu mettre cette putain de deuxième chaussette.

On aurait préféré l'ignorer

Le Japonais Akira Haraguchi a passé 16 heures de sa vie à réciter 100 000 décimales du nombre *pi*. Malheureusement pour lui, son record n'a pas été homologué. Bien tenté Akira !

Ce que cela nous apprend sur l'humanité

Que le « par cœur » n'est pas une bonne méthode d'apprentissage. En effet, les athlètes de la mémoire utilisent tous les mêmes techniques, inventées par les Grecs, où ils associent des chiffres à des images mentales.

Ce que cela nous apprend sur l'humanité

Dominé successivement par trois pays, le go est le symbole de l'affrontement politique entre la Chine, la Corée et le Japon pour le leadership asiatique.

JEU DE GO

Le jeu le plus long

LES RÈGLES

Deux adversaires placent à tour de rôle des pierres noires et blanches sur les intersections d'un tablier quadrillé appelé « goban ». Pour gagner, il faut contrôler le plan de jeu en y construisant des « territoires » et encercler les pierres de l'adversaire pour en faire des « prisonniers »

L'HISTOIRE

Apparu en Chine entre le VIIe et le Ve siècle avant JC, le go est le plus ancien jeu de stratégie combinatoire connu au monde. En dépit de son ancienneté, il jouit d'une extraordinaire popularité en Chine, en Corée et au Japon, où sa forme a été codifiée dès le XVe siècle. Dans le reste du monde, où sa découverte fut tardive, sa notoriété est croissante.

On aurait préféré l'ignorer

Quand on perd une partie, l'usage est de remercier chaudement son adversaire, en échange de précieux conseils. Super.

LE CHIFFRE

40 millions

soit le nombre de joueurs dans le monde, dont un million d'Européens.

« Les règles du go sont si élégantes, organiques et rigoureusement logiques que s'il existe quelque part dans l'univers une forme de vie intelligente, elle doit certainement y jouer. »

Emanuel Lasker,
ancien champion du monde d'échecs

La star

Élève du légendaire Cho hun-hyun, le Sud-Coréen Lee Chang-ho est le recordman du monde de titres internationaux. Devenu pro à l'âge de 11 ans, il est le seul joueur de l'histoire à avoir remporté au moins une fois les huit plus grosses compétitions. Sa tactique ? Vous donner l'impression de gagner.

Pourquoi c'est un sport

Un système de handicap permet de niveler les oppositions. Si son classement correspond à son niveau réel, un joueur perd presque une partie sur deux. C'est pour rappeler à chacun que progresser est une quête personnelle.

ÉLOQUENCE

L'art de bien parler et de convaincre

LES RÈGLES

Elles diffèrent selon les concours, mais il s'agit chaque fois de convaincre le jury sur le fond, mais surtout sur la forme, en prenant la parole en public sur des sujets divers et variés. Parmi ces derniers, on trouve des thèmes sérieux du type « Rien n'est à craindre, tout est à comprendre » ou « La morale est-elle l'ennemie du progrès ? » Il y en a aussi de plus légers tels que « Les petites tranches font-elles les grandes salades ? » ou « La routourne va-t-elle tourner ? »

L'HISTOIRE

Hérité de l'Antiquité, où il a été codifié par les Grecs puis par les Romains, l'enseignement de la rhétorique a connu un net repli en France à partir du XIXe siècle. Son renvoi de l'école est ainsi proclamé par Jules Ferry en 1902. L'éloquence devient alors l'apanage des étudiants en droit. Ces derniers rivalisent au célèbre Concours de la conférence, qui sélectionne la crème du barreau depuis plus de deux cents ans. Néanmoins, on assiste depuis les années 1970 à un nouvel essor général en France comme dans les pays anglo-saxons. D'abord porté par les associations étudiantes de débat, l'art oratoire est désormais de retour à l'université et dans les grandes écoles comme Sciences Po, l'ESSEC ou HEC, qui ont toutes aujourd'hui leur propre concours d'éloquence.

« L'éloquence n'est que l'art d'embellir la logique. »

Denis Diderot,
philosophe français

Ce que cela nous apprend sur l'humanité

Codifiée par Aristote, puis pratiquée par les sophistes, la rhétorique grecque se préoccupe de persuader. Mais dans l'Antiquité romaine, sous l'impulsion de Quintilien, elle devient l'art de bien dire. Dès lors, une longue bataille s'engage entre les partisans de la dialectique et ceux de la stylistique. Aujourd'hui, c'est la conception romaine qui l'a emportée.

On aurait préféré l'ignorer

Chaque année, on assiste à des plantages monstrueux. Certains candidats restent presque sans voix lors des épreuves d'improvisation, d'autres tentent des blagues qui tombent désespérément à plat.

L'ANECDOTE POUR BRILLER

Parmi les anciens secrétaires du Concours de la conférence figurent trois présidents de la République : Jules Grévy, Raymond Poincaré et Alexandre Millerand.

LE CHIFFRE

12

Le nombre de secrétaires élus chaque année par leurs pairs au Concours de la conférence du barreau de Paris.

La star

Prononcé en 1964, le discours d'André Malraux pour l'entrée au Panthéon de Jean Moulin reste un modèle du genre pour tous les spécialistes.

Actor's studio

Pourquoi c'est un sport

Ancien coach des élèves de l'université de Saint-Denis au concours Eloquentia, l'avocat Bertrand Périer a écrit un livre intitulé *La parole est un sport de combat*. Il vous expliquera ça mieux que nous.

21

PIERRE-FEUILLE-CISEAU

On sait tous ce que vous allez choisir

LES RÈGLES

On joue avec les mains. La *pierre* bat les *ciseaux* en les émoussant. Les *ciseaux* battent la *feuille* en la coupant. La *feuille* bat la *pierre* en l'enveloppant. Ainsi chaque coup bat un autre coup, fait match nul contre le deuxième et est battu par le troisième. Le puits est bien sûr interdit, bien tenté, mais interdit.

L'HISTOIRE

Le jeu des trois coups fut inventé en Chine où de nombreuses sources affirment que les seigneurs de la dynastie Han l'utilisaient dans des jeux de boisson. Cependant, le premier usage connu de la pierre, de la feuille et des ciseaux a eu lieu au Japon au cours du XVIIe siècle. Une variante du nom de ce jeu, chifoumi, est sans doute dérivée du japonais Hi-fu-mi.

On aurait préféré l'ignorer

Apparemment, les Allemands disent « emballage » à la place de « feuille ».

LE CHIFFRE

10 000 dollars

soit le chèque remporté par la légende Maria Martinez lors d'un solide tournoi organisé à Toronto par la World Rock Paper Scissors Society, qui compte 350 membres. Venue seulement boire un verre avec des amis, elle a écarté tous les favoris pour s'imposer avec style.

La star

Des chercheurs du laboratoire Ishikawa Oku de l'université de Tokyo ont fabriqué un robot qui met chaque fois les joueurs humains à l'amende. Pour triompher, ce dernier observe le mouvement de main de son adversaire, puis il prend sa décision très rapidement grâce à des techniques sophistiquées de reconnaissance d'intention. C'est un bon gros grugeur, en fait.

Ce que cela nous apprend sur l'humanité

Il est quasi impossible à un humain de générer une séquence aléatoire, sans l'aide d'un dé ou d'une pièce. Les athlètes jouent en tentant d'anticiper les choix de l'autre. Les théoriciens du jeu estiment cependant que les meilleurs sont ceux qui restent assez concentrés pour enlever toute apparence logique à leurs choix et se rapprocher au maximum du hasard.

La télé japonaise, tout en sobriété

L'ANECDOTE POUR BRILLER

En 2005, Takashi Hashiyama, facétieux patron d'une grande entreprise japonaise a fait jouer ce jeu aux représentants de Christie's et de Sotheby's, pour décider laquelle des deux maisons organiserait la vente de sa collection de tableaux impressionnistes, qui comptait notamment un Picasso, un Cézanne et un Van Gogh. Pour la petite histoire, les ciseaux de Christie's ont battu le papier de Sotheby's. Si avec ça vous ne brillez pas dans un dîner…

« Tu veux pas jouer à chifoumi avec moi ? – Non, ça me les casse de tout le temps gagner. »

Edward aux mains d'argent,
dans le film réalisé
par Tim Burton en 1990

Pourquoi c'est un sport

Vous la connaissez tous, cette pression psychologique infernale au moment du choix.

22

PÉTANQUE

Alors, Marcel, tu tires ou tu pointes ?

LES RÈGLES

À la pétanque, l'objectif est de marquer des points en lançant ses boules à proximité d'un but, familièrement appelé « cochonnet ». Une fois que tous les participants ont joué à tour de rôle, chaque boule qui est plus proche du but que celle de l'adversaire rapporte un point. Une partie se déroule en treize points gagnants et il est possible de jouer en triplette, en doublette et en tête à tête. En triplette, chaque joueur dispose de deux boules. Dans les autres configurations, chaque joueur en a trois. Lors du lancer du but, ce dernier doit être compris dans un espace entre six et dix mètres.

LES CHIFFRES

298 151
joueurs en France, soit près de la moitié des joueurs licenciés dans le monde.

650 à 800 grammes
Le poids réglementaire des boules de compétition.

28
Le nombre de titres remportés aux championnats du monde par la France depuis 1959.

L'HISTOIRE

Ancêtre de la pétanque, le jeu de boules a probablement été créé en Gaule romaine. Il connaît un véritable âge d'or à la Renaissance, quand la noblesse s'enflamme pour ce jeu. Il faudra néanmoins attendre 1850 pour voir la première société officielle, nommée Le Clos Jouve, être fondée dans la région de Lyon. À l'époque, chaque région introduit une variante d'usage et les Méridionaux se passionnent pour le « jeu provençal » avec des règles simplifiées, où les tireurs font trois pas de course pour prendre leur élan. Ce dernier donna naissance en 1907 à la pétanque, lors d'une partie historique à La Ciotat, où un champion de jeu provençal nommé Jules Hugues, ne pouvant pas participer à cause de rhumatismes, se mit à tracer un rond au sol et à jouer « les pieds tanqués ». Le mot sera officialisé en 1910 lors d'un concours, et les premières boules en acier seront fabriquées en 1927, remplaçant les traditionnelles boules en bois cloutées. La Fédération française de pétanque voit le jour le 31 juillet 1945, et la Fédération internationale le 8 mars 1958 à Marseille. Depuis, le jeu a essaimé un peu partout dans le monde, au point de compter plus de 600 000 licenciés répartis dans une centaine de pays, au premier rang desquels on trouve la Thaïlande, l'Espagne, l'Allemagne, la Belgique et les pays du Maghreb.

« Le jeu de boules est une activité dans laquelle on s'engage tout entier. Le temps n'y existe plus et plus rien n'a d'importance que le mouvement fascinant de ces sphères inspirées. »

Yvan Audouard,
écrivain français

L'ANECDOTE POUR BRILLER

Pour des raisons obscures, le jeu est interdit au peuple français en 1629. Cette interdiction fut globalement peu suivie (tu m'étonnes, on est en France quand même, hein). La Révolution française, en abolissant les privilèges de la noblesse, légalisa à nouveau la pratique du jeu pour tous.

On aurait préféré l'ignorer

Quand une personne se pointe à une partie sans sa paire de boules, on dit qu'elle fait sa Micheline. Ne me demandez pas pourquoi.

Trois questions à Dylan Rocher, champion du monde 2018 de tir de précision

Comment expliquer le fait que la pétanque soit le sport traditionnel français ?

Déjà, la pétanque est née en France, à La Ciotat, et puis c'est un sport que tout le monde peut pratiquer, peu importe le gabarit, le petit, le grand, le gros ou le maigre… Pas besoin d'un gros cardio, donc, forcément, ça plaît. Et puis il y a l'aspect convivial, on associe souvent la pétanque à l'apéro, tout le monde aime ça.

Quand on est un grand champion comme vous, est-ce qu'on peut vivre de la pétanque ?

C'est encore très compliqué, on manque de sponsors même si ça se développe, notamment grâce à la chaîne L'Équipe TV qui diffuse les Masters et les championnats du monde. J'ai cinq ou six gros sponsors qui pourraient me permettre de vivre de la pétanque quelques années ; seulement, on n'a pas de retraite. Si la pétanque avait été retenue comme sport olympique pour Paris 2024, cela aurait pu nous permettre de nous professionnaliser. Malheureusement, je pense que c'était le moment ou jamais, on a raté le coche.

Est-ce qu'on est vraiment meilleur avec un petit coup dans le nez ou c'est une légende ?

Personnellement, quand je bois, je suis super nul ! Mais c'est vrai que chez certains joueurs ça peut les détendre quand il y a du stress dans une partie. Mais en compétition à haut niveau il y a très fréquemment des contrôles anti-dopage et des contrôles d'alcoolémie, donc personne ne prend de risque.

La star

Qui d'autre que Philippe Quintais ? Surnommé « le Zidane de la pétanque » ou « le roi », le natif de Chartres connaît sa première grande réussite en 1988, en devenant champion de France à l'âge de 21 ans. Tireur d'exception, il remporte par la suite quatre titres de champion du monde de tir de précision entre 2000 et 2003, et huit titres mondiaux entre 1991 et 2003 avec la Dream Team composée de Philippe Suchaud et Henri Lacroix. Il triomphe par ailleurs 12 fois au Mondial de Millau, 5 fois au Masters et 4 fois à la Marseillaise. Après sa retraite professionnelle en 2004, il devient l'entraîneur des équipes championnes du monde en 2007 et 2008. En 2012, lors de son jubilé, la Fédération lui remet un trophée de douze kilos, en référence au nombre de ses titres mondiaux. Malheureusement, ce dernier est déjà obsolète car Philippe, qui s'ennuyait un peu, est récemment sorti de sa retraite, « *pour se prouver qu'il avait toujours le niveau* ». Résultat ? Un treizième titre mondial en triplette l'année dernière. Bref, la concurrence est décanillée.

Droit obut ! Vous l'avez ?

Ce que cela nous apprend sur l'humanité

L'expression « être fanny » ou « Fanny paie à boire » désigne à l'origine le fait de perdre une partie de pétanque sur le score de 13 à 0. Les perdants devaient alors embrasser les fesses d'une femme postiche nommée Fanny, représentée sous forme de tableau, de poterie ou de sculpture, que les amateurs conservaient chez eux dans une petite armoire, telle une véritable relique païenne. C'était un moment particulièrement humiliant pour les joueurs, mais toujours une franche rigolade pour les spectateurs. Ce cérémonial a été décrit par Marcel Pagnol dans *Le Temps des amours* (1977) : « Docilement, les trois vaincus s'agenouillèrent. Deux faisaient toujours semblant de rire aux éclats, mais le troisième, tout pâle, ne disait rien et baissait la tête. Alors les deux jeunes gens approchèrent le tableau du visage du chef de l'équipe et celui-ci, modestement, déposa un timide baiser sur ces fesses rebondies. Puis il fit un grand éclat de rire, mais je vis bien que ce n'était pas de bon cœur. » Au fil du temps, cette cruelle tradition a progressivement été remplacée par le fait de payer une tournée à l'équipe gagnante, beaucoup plus sympa !

Pourquoi c'est un sport

Même si le professionnalisme n'existe pas en son sein, la pétanque a été décrétée « sport de haut niveau » par le ministère de la Jeunesse et des Sports en 2005. Cela mérite bien un pastis !

23

ROBOCUP

Plus que trente ans avant la fin du monde

LES RÈGLES

Ce sont les mêmes qu'au football, sauf qu'ici les joueurs sont des robots. Ces derniers sont confrontés à un environnement dynamique et prennent leurs décisions de façon indépendante grâce à l'intégration de différents capteurs. Afin de faciliter leur vision, la balle utilisée est orange.

L'HISTOIRE

Accueillant des milliers de roboticiens venus du monde entier chaque année, la Robocup est la plus importante compétition d'intelligence artificielle au monde. Elle a été lancée en 1996 à Osaka par le scientifique Hiroaki Kitano, dans le but de stimuler la recherche en matière de robotique au travers d'un défi historique : celui de mettre au point une équipe de robots capable de vaincre l'équipe humaine championne du monde de football à l'horizon 2050. Si ce challenge est toujours central, de nouvelles compétitions se sont greffées au fil du temps, allant de l'accompagnement à la personne à l'exploration de sites de catastrophe.

L'ANECDOTE POUR BRILLER

Dérivé du tchèque *robota*, qui signifie « travail, besogne, corvée », le terme « robot » est apparu pour la première fois dans une pièce de théâtre intitulée *R.U.R. (Rossum's Universal Robots)*, écrite en 1920 par le dramaturge Karel Čapek. La pièce se déroule dans le futur, au sein d'une usine qui fabrique à la chaîne des androïdes dénués de sentiments. Afin de les rendre plus polyvalents, l'ingénieur finit par les doter d'une sensibilité limitée et d'une intelligence plus développée. Au bout de dix ans, ils finissent par se révolter et anéantir l'humanité. À la fin de la pièce, après avoir perdu le secret de leur fabrication, deux robots découvrent l'amour et le dernier être humain leur remet la responsabilité du monde.

Ce que cela nous apprend sur l'humanité

Que malgré les avertissements professés dans *Metropolis*, *Terminator* ou *Matrix*, nous travaillons activement à notre propre fin.

LE CHIFFRE

3 500

scientifiques issus de plus de cinquante pays ont participé à la dernière édition.

On aurait préféré l'ignorer

Le 25 octobre 2017, le robot humanoïde Sophia a obtenu la nationalité saoudienne, faisant de lui le premier androïde au monde à recevoir la citoyenneté d'un pays. On attend maintenant le mariage et le droit de vote.

La star

Dirigée par l'ingénieur français Olivier Ly, l'équipe du laboratoire Rhoban a remporté trois fois d'affilée la ligue Humanoïd Kid-Size en 2016, 2017 et 2018, obtenant même le prix du Meilleur humanoïde en 2017. Bref, nous sommes champions du monde chez les hommes comme chez les robots.

Pourquoi c'est un sport

Rendez-vous en 2050.

24

CARROM

Le billard indien

LES RÈGLES

Très stratégique, le carrom se joue à deux ou à quatre personnes. Au centre du plateau sont disposés 9 pions blancs, 9 pions noirs et un pion rouge également appelé « reine », qu'il faut avoir confirmée (c'est-à-dire avoir rentré le pion rouge puis enchaîner en rentrant un pion de sa couleur dans la foulée) avant son dernier pion. Les blancs commencent. Le but du jeu est de rentrer tous les pions de sa couleur dans les quatre trous du plateau à l'aide d'un palet appelé « striker » ou propulseur.

L'HISTOIRE

Jeu de table très pratiqué en Asie, le carrom a probablement été inventé en Inde par les Maharajas, à moins qu'il n'ait été importé par les Britanniques lors de la colonisation. Rien n'est clair. Quoi qu'il en soit, il est devenu l'un des passe-temps favoris des Indiens, qui y jouent dès le plus jeune âge pour briser la routine du quotidien. Les premiers tournois se seraient déroulés en 1935 au Sri Lanka, et la première fédération a vu le jour en 1958 en Inde. Ce n'est qu'au cours des années 1970 que le jeu va se développer en Europe dans des pays comme la Suisse, l'Allemagne et les Pays-Bas puis la France.

Princesse Sourire

La star

Double champion du monde et neuf fois champion national dans les années 1990, Maria Irudayam (c'est un homme) est considéré comme l'un des meilleurs joueurs de l'histoire. Il s'est notamment vu décerner le prestigieux Arjuna Award par le gouvernement indien. Un sacré destin pour cet homme né dans un bidonville de Madras.

Pourquoi c'est un sport

Même si le jeu est facilement accessible, la technique de tir s'affine avec l'expérience. Comme au jeu de billes.

LE CHIFFRE

1988

La date de création de la Fédération internationale.

« Les tueurs du quartier utilisaient des membres du club comme témoins pour leur servir d'alibi : ils devaient dire qu'ils jouaient au carrom au moment d'un meurtre. Ces malfaiteurs ont sali notre réputation. »

Ahmed Shaikh,
propriétaire d'un club infesté par la pègre à Bombay

On aurait préféré l'ignorer

Sans gêne, les Américains ont enlevé un « r » à « carrom », par commodité orthographique. Aujourd'hui encore, les deux écritures sont utilisées.

L'ANECDOTE POUR BRILLER

Au Penjab, dans le nord-est de l'Inde, le carrom est essentiellement pratiqué lors des veillées funéraires.

Ce que cela nous apprend sur l'humanité

En Inde, ce jeu convivial, qui fait fureur chez les classes pauvres, se déroule dans des clubs qui appartiennent le plus souvent à des partis politiques ou à la mafia, qui trouvent là le moyen de recruter de nouveaux membres. On y débourse de 3 à 5 roupies pour une partie, au lieu des 3 000 roupies nécessaires pour acheter un plateau.

TETRIS

Des petits trous, des petits trous, toujours des petits trous

LES RÈGLES

Dans une partie de Tetris, le joueur doit réaliser des lignes complètes en déplaçant des pièces de formes différentes, les tétrominos, qui défilent depuis le haut jusqu'en bas de l'écran. Quand une ligne est complète, elle disparaît et rapporte des points au joueur, qui peut de nouveau remplir les cases libérées. Le joueur perd la partie lorsqu'un tétromino reste bloqué en haut. Il s'agit donc de résister à la chute continue des pièces, afin de réaliser le meilleur score possible.

On aurait préféré l'ignorer

Certains joueurs trop motivés peuvent rêver de tétrominos qui tombent au moment de s'endormir, ou dans les cas les plus graves voir des tétrominos tomber aux extrémités de leur champ de vision. On appelle ça l'« effet Tetris ».

L'HISTOIRE

À l'heure actuelle, l'e-sport est en plein développement. Peu de jeux vidéo peuvent cependant se targuer d'avoir l'ancienneté et la légitimité de *Tetris*, qui fut inventé en 1984 par l'ingénieur russe Alekseï Pajitnov. À cause de son aspect addictif, *Tetris* a dès sa création poussé les joueurs du monde entier à tenter d'établir des records, même si les premières versions limitaient le score à un nombre à 6 chiffres. Par la suite, le nombre important de versions différentes du jeu a rendu difficile la comparaison des scores et l'élection d'un champion du monde. Pour résoudre ce problème, les Classic Tetris World Championship se déroulent désormais chaque année depuis 2010 à Portland aux États-Unis.

LE CHIFFRE

30 260 000

Le nombre d'exemplaires écoulés sur Game Boy.

Ce que cela nous apprend sur l'humanité

Une étude d'Oxford, menée en 2009, estime que le fait de jouer à *Tetris* peut empêcher de ressasser des souvenirs traumatisants. En diminuant la précision, l'intensité et la fréquence des mauvaises pensées, le jeu fait office de thérapie quand on le pratique assidûment.

« Tetris répond parfaitement à la définition du meilleur en matière de jeu : une minute pour l'apprendre, une vie entière pour le maîtriser. »

Bill Kunkel, aka « Game doctor »,
ancien rédacteur en chef du magazine *Electronic Games*

La star

À l'heure actuelle, le meilleur joueur du monde est un Allemand du nom de Jonas Neubauer. Ce dernier a atteint la finale à chaque édition du tournoi, remportant pas moins de sept titres en neuf tentatives. Propre.

L'ANECDOTE POUR BRILLER

Pour tester Tetris, Alekseï Pajitnov donna une version à son ami Vladimir Pokhilko, un chercheur de l'Institut médical de Moscou. Devenu accro, Pokhilko ira jusqu'à supprimer le jeu des ordinateurs de l'Institut pour rétablir la productivité de ses salariés.

Pourquoi c'est un sport
Parce que ranger sa chambre n'est déjà pas facile.

POUR LES COSTAUDS

FORCE, RÉSILIENCE ET PUISSANCE

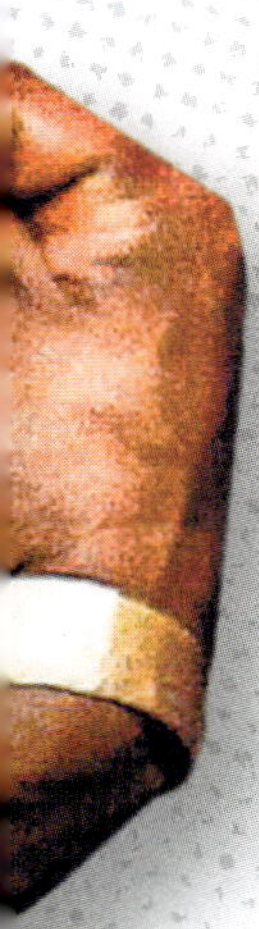

Ici, on se pose moins de questions. On frappe d'abord. Entrez dans un monde de pectoraux saillants, de cuisses musclées et d'abdos bien huilés, où le moindre regard de travers peut tuer. Du redoutable combat d'orteils au millénaire bras-de-fer, en passant par le lancer de troncs ou le porter de femmes, bienvenue dans un microcosme où la testostérone fait la loi.

26

LUTTE SÉNÉGALAISE

Gris-gris et gros bras

LES RÈGLES

En plus de la lutte gréco-romaine, la lutte sénégalaise intègre la pratique de la boxe : le lutteur peut à la fois donner des coups et recourir au corps à corps pour terrasser son adversaire. Un combat dure deux fois dix minutes et peut comporter des prolongations. Il se termine dès qu'il y a chute, c'est-à-dire lorsque la tête, les fesses ou le dos d'un lutteur touchent le sol, ou lorsqu'un lutteur est projeté hors du cercle de l'arène, délimitée par les sacs de sable.

L'HISTOIRE

Ce sport traditionnel, à la forte dimension folklorique, est très populaire au Sénégal, tout particulièrement dans les régions du Sine-Saloum et de la Casamance. On le pratique aussi en Gambie.

Longtemps amateurs, les meilleurs lutteurs sont désormais regroupés en écuries, affiliés à la fédération, et reçoivent des cachets qui s'élèvent à des dizaines de millions de francs CFA. Leurs combats sont devenus de grands événements sportifs, qui mobilisent les médias et l'attention de la diaspora.

L'ANECDOTE POUR BRILLER

Virtuose de la gravure, le Français Albert Decaris a créé en 1961 un magnifique timbre « Luttes africaines » pour les Postes sénégalaises, un an après l'indépendance du pays.

La star

Plusieurs grands noms ont marqué l'histoire de la lutte sénégalaise comme Manga 2, « le Roi des arènes », ou Mbaye Guèye, « le Tigre de Fass ». Néanmoins, personne n'a autant influencé la discipline que Mouhamed Ndao, dit « Tyson ». Mesurant 1,99 m pour 135 kilos, il balaya la génération précédente et attira des milliers de spectateurs au stade Demba-Diop, transformant ce sport traditionnel en un véritable business au milieu des années 1990.

Ce que cela nous apprend sur l'humanité

La pratique du *trashtalking* est plus ancienne qu'on ne le croit. Au Sénégal, elle porte le nom de *bàkk*. Héritée des griots, elle consiste en une performance orale, généralement un poème ou une chanson, dans laquelle les lutteurs vantent leurs mérites afin d'impressionner l'audience et leurs rivaux avant le combat.

« Quiconque lutte contre des monstres devrait prendre garde, dans le combat, à ne pas devenir monstre lui-même. »

Friedrich Nietzsche,
philosophe allemand

On aurait préféré l'ignorer

Superstitieux, les lutteurs sont épaulés par des marabouts qui leur fabriquent des gris-gris ou leur préparent des bains rituels pour conjurer le mauvais sort. Le plus souvent, il s'agit de charlatans qui monnaient très cher leurs services.

LE CHIFFRE

1

L'Espagnol Juan Espino est le seul lutteur européen à avoir disputé des combats professionnels au Sénégal. Il est surnommé « le Lion blanc ».

Pourquoi c'est un sport

Il n'y a pas de catégorie de poids. Autant dire qu'on peut tomber sur des beaux bébés.

27

CONCOURS DE FORCE

Pectoraux poilus, hurlements virils et boules de 150 kilos

LES RÈGLES

Le sport de force réunit les costauds autour d'une série d'épreuves extrêmement spectaculaires visant à tester la puissance de leurs muscles. On parle selon les concours de tirer un avion sur 30 mètres, soulever une voiture en série, courir avec une enclume dans chaque main ou ranger cinq boules de 150 kilos sur un promontoire. On assiste parfois en finale à des défis plus classiques comme le tir à la corde. Tout est chronométré, il faut donc allier la puissance à une certaine rapidité.

L'HISTOIRE

Le sport de force relève de traditions millénaires un peu partout dans le monde. Certains pays, comme l'Écosse, l'Islande, le Canada et le Pays basque, sont réputés pour leurs hommes forts, qui étaient autrefois montrés comme des bêtes de foire sous le nom d'« Hercule ». Le plus célèbre d'entre eux fut sans conteste le Canadien Louis Cyr, demeuré invaincu toute sa carrière et dont les exploits retentissants marquèrent la fin du XIXe siècle. Depuis les premiers concours antiques aux compétitions modernes, en passant par la création des Highland Games en 1856, la forme des compétitions a évolué, tout comme leur médiatisation. Reste que la discipline a plus que jamais le vent en poupe depuis la création en 1977 du concours The World's Strongest Man, qui élit chaque année le mec le plus solide de la planète.

On aurait préféré l'ignorer

Mariusz Pudzianowski est un combattant médiocre en MMA. Limité techniquement, son record est de 12 victoires pour 7 défaites.

Ce que cela nous apprend sur l'humanité

Victimes de stéréotypes ancestraux, les femmes fortes restent ignorées par le grand public et les médias, malgré des performances assez impressionnantes. Depuis leur création en 1997, les championnats du monde féminins ont déjà été annulé neuf fois, faute de sponsoring.

Quand t'as prévu large sur le vin pour ton dîner

LES CHIFFRES

14
Le nombre de participations de l'inoxydable Žydrūnas Savickas au concours The World's Strongest Man. Le Lituanien s'y est imposé quatre fois.

470 kilos
Le poids record de la barre soulevée par Hafþór Júlíus Björnsson lors du concours Arnold Strongman en 2018.

645 kilos
Le poids porté sur son dos en 1895 par la Canadienne Marie Sirois, la « femme la plus forte du monde ».

L'ANECDOTE POUR BRILLER

À la suite de sa défaite dans la guerre des Titans, Atlas est condamné par Zeus à porter la voûte céleste sur ses épaules pour l'éternité. De nombreuses épreuves de force portent aujourd'hui son nom et lui rendent ainsi hommage.

« La raison du plus fort est toujours la meilleure. »

Jean de La Fontaine,
poète français

Le coup de la panne

La star

Surnommé « Super Mariusz » ou « Pudzilla », le Polonais Mariusz Pudzianowski est une légende des sports de force, reconvertie depuis dix ans en combattant de MMA. Cinq fois vainqueur de The World's Strongest Man entre 2002 et 2008, ce qui reste le record de la compétition, il construisait ses victoires grâce à une belle explosivité technique et à un physique dissuasif de 1,86 m pour 119 kilos. Bon, il y avait aussi un peu de dope puisqu'il a été contrôlé positif en 2004, ce qui lui a valu un an de suspension. À part ça, Mariusz a l'air assez marrant puisqu'il a passé dix-neuf mois en prison pour avoir agressé un chef mafieux polonais dont il a volé la chaîne en or. Diplômé en relations internationales, il mange dix œufs chaque matin, a prêté son visage à une marque de boissons énergisantes, participé à « Danse avec les stars » et fondé un groupe de musique avec son frère qui s'est produit en concert devant 190 000 personnes. Ça, c'est un CV comme on les aime.

Pourquoi c'est un sport

Allez dire le contraire à l'Islandais Hafþór Júlíus Björnsson, champion du monde 2018, qui fait briller son physique de 2,06 m pour 203 kilos en interprétant « la Montagne » dans la série *Game of Thrones*.

Trois questions à Sébastien Hupfer, double champion de France de force athlétique et recordman du monde de squat

Vous faites quoi en ce moment?

Là, je regarde le Tour de France à la télé. Je suis un ancien cycliste, j'ai couru avec Thomas Voeckler, Sylvain Chavanel et Matthieu Ladagnous quand j'étais dans le Sud. C'est un sport d'endurance, mais cela m'a beaucoup apporté sur le plan mental, j'ai gardé cet aspect quand j'ai commencé à aller à la salle de muscu et ça m'a bien servi ! En ce moment, je prépare les championnats du monde de force athlétique au mois de novembre en Finlande, je joue le titre, je n'ai jamais été aussi fort que maintenant ! Les trois épreuves sont le squat, le développé-couché et le soulever de terre. Je n'ai pas les noms de mes rivaux, mais ce sont principalement des Russes et des Ukrainiens.

En 2015, vous avez participé au championnat d'Europe de « strong man » à Belfast...

Ouais, j'ai fait huitième sur seize, si je me souviens bien. C'est très très violent comme sport ! Heureusement, il y avait du squat, ça m'a sauvé, il fallait soulever des filles assises sur une moto *(rires)*. Les autres épreuves étaient assez dingues : marcher en portant 350 kilos sur le dos, faire tourner le plus longtemps possible une moto de 350 kilos avec une grande barre, porter à chaque bras des valises de 150 kilos en allant le plus vite possible... Il y avait aussi les Atlas Stones. Elles pèsent 110 kilos. Il fallait faire des répétitions avec ou les mettre sur l'épaule. Il existe des compétitions similaires en France, mais ce n'est pas très clair car il y a beaucoup de fédérations différentes, et le niveau est moins bon.

Pourquoi vous concentrez-vous depuis sur la force athlétique ?

J'ai été blessé à cause du strong man, une sale tendinite au quadriceps. Pendant trois ans, j'ai eu l'impression d'avoir un élastique prêt à péter dans la cuisse. Le strong man, c'est dangereux pour le corps. On ne peut pas le faire pendant vingt ans. En revanche, la force athlétique, c'est plus technique, on peut durer. Si je fais du strong man, je suis bloqué pour la force athlétique car ça demande trop d'énergie. Quand je vois le potentiel que j'ai au squat, j'ai pas envie de lâcher. J'ai fait le record du monde à Miami avec 262,5 kilos, mais là, depuis que je suis guéri, je fais plus de 300 kilos à l'entraînement ! Mon squat va être énorme, ça va être le plus gros squat français de tous les temps ! Ratez pas ça au mois de novembre !

Pourquoi c'est un sport

28

Selon les compétitions, le tronc peut mesurer entre 5 et 6,5 m et peser entre 35 et 60 kilos

CABER

Le sport préféré de Duncan MacLeod (après couper des têtes)

On aurait préféré l'ignorer

En 1986, le malheureux directeur des Scottish Games a reçu un caber volant en pleine poire.

Pinocchio un peu trop chaud

LES RÈGLES

Vêtu d'un kilt, il faut soulever un tronc à la verticale, avant de le jeter loin de soi en décrivant un arc de cercle, de façon que l'extrémité haute de la poutre soit la première à heurter le sol. Quand il retombe, le caber doit être aligné dans l'axe tracé au sol. Lors d'un lancer parfait, il retombe avec un angle de 90 degrés, ce qui fait qu'il reste debout !

L'HISTOIRE

On sait peu de choses du caber, si ce n'est que ce nom signifie « poteau » en gaélique. Ce jeu typiquement écossais a probablement été créé au XIe siècle par le roi Malcom III, surnommé « Grosse-Tête ». Sans doute le but originel des tournois était-il de recruter des serviteurs solides pour les différents clans et de servir à la préparation des combats. Il est devenu l'emblème des fêtes traditionnelles écossaises à partir de 1820.

« L'Écosse, c'est l'Angleterre, en pire. »

Samuel Johnson,
écrivain britannique

La star

Avec pas moins de 16 lancers réussis en trois minutes, le record du monde est détenu par le Canadien Danny Frame depuis juillet 2018. Pas mal pour un étranger.

LE CHIFFRE
180 degrés
La rotation effectuée par la poutre.

Ce que cela nous apprend sur l'humanité

Aux temps des guerres claniques dans les Highlands, les soldats devaient souvent traverser des ravins abrupts et des rivières glacées. Il fallait donc construire des ponts de fortune assez rapidement. Cela expliquerait pourquoi, au caber, la précision du lancer est plus importante que la distance.

Pourquoi c'est un sport

Vêtus de costumes traditionnels, les pratiquants prennent ce sport très au sérieux. Leur entraînement consiste généralement à exploser des balles de tennis avec leurs mains ou à faire des pompes avec un seul doigt, même si certains préfèrent soulever des poids de 50 kilos.

29

FINGERHAKELN

Tire mon doigt pour voir

LES RÈGLES

Deux adversaires s'assoient l'un en face de l'autre autour d'une table en bois, passent tous les deux un doigt dans une sorte de bracelet de cuir et commencent à tirer chacun de leur côté. Le vainqueur est celui qui arrive à amener son adversaire au-delà d'une ligne marquée sur la table. Placés derrière les concurrents, deux « rattrapeurs » veillent à éviter qu'ils ne tombent en arrière trop violemment quand ils lâchent la lanière.

L'HISTOIRE

Le fingerhakeln est un sport alpin très populaire, dont l'existence remonte au moins au XVIe siècle. Aujourd'hui, il n'existe pas moins de douze associations qui font la promotion de ce sport en Bavière et au Tyrol. Le championnat officiel de la discipline existe depuis 1959, mais de nombreux tournois sont organisés chaque année au mois de juillet dans la région de Munich.

On aurait préféré l'ignorer

Traditionnellement, les hommes du coin pratiquaient le fingerhakeln pour impressionner les femmes. Du coup, ces dernières n'ont donc pas le droit de participer. Bande de machos.

La star

Le majeur, car c'est le doigt qui est plébiscité par l'écrasante majorité des concurrents. Il est plus résistant que l'annuaire et l'index, mais cela n'empêche malheureusement pas les fractures et autres dislocations.

LE CHIFFRE

14

Le nombre de catégories de poids reconnues dans ce sport extrêmement codifié.

Ce que cela nous apprend sur l'humanité

Jusqu'au XVIIe siècle, Allemands et Autrichiens utilisaient le combat de doigts pour trancher les différends et régler les disputes, avant d'opter pour des solutions plus évoluées.

30

ROLLER DERBY

Vive les femmes libres

LES RÈGLES

Une partie de roller derby met aux prises deux équipes de cinq joueuses – une jammeuse et quatre bloqueuses – qui s'affrontent lors de deux périodes de 30 minutes sur une piste de forme oblongue. Les points sont inscrits par les jammeuses, qui se déplacent en sens inverse et qui essaient de passer les bloqueuses qui veulent les projeter au sol ou les faire sortir de la piste.

L'HISTOIRE

Au cours des années 1930, le publicitaire américain Leo Seltzer popularise les courses de patins en ajoutant la possibilité de se pousser et de donner des coups de coude, ce qui plaît beaucoup au public.

En 1949, la National Roller Derby League est créée, mais elle disparaît en 1973 à la suite du choc pétrolier, faute de moyens financiers. Il faudra attendre le début des années 2000 pour assister à la renaissance de la discipline sous l'impulsion des milieux féministes, qui abandonnent le côté kitsch et fixent un règlement unique. Depuis, le roller derby a traversé les océans et obtenu la reconnaissance officielle de la World Skate en 2010.

La star

Avec trois victoires en autant d'éditions de la Coupe du monde, qui a lieu tous les trois ans depuis 2011, la team USA roule sur la concurrence (Azzeddine Ahmed-Chaouch, elle est pour toi celle-là).

LE CHIFFRE

1250

Le nombre estimé de ligues dans le monde.

Ce que cela nous apprend sur l'humanité

En raison de ses très fortes connotations féministes, le roller derby porte en lui des valeurs émancipatrices. La pratique est en effet considérée comme subversive dans certains pays comme l'Égypte, où les femmes sont encouragées à éviter toute activité physique susceptible d'abîmer leurs corps.

On aurait préféré l'ignorer

Il existe une version sécessionniste du roller derby, nommé Renegade Rollergirls, qui se dispute sans arbitres et sans pénalités. On vous laisse imaginer la boucherie.

« L'égalité des femmes n'existe pas. Elles sont des lapins à qui on aurait mis des patins à roulettes. Les patins roulent, mais elles restent toujours des lapins. »

Serge Gainsbourg,
polémiste français

L'ANECDOTE POUR BRILLER

L'inventeur du patin à roulettes est un Belge du nom de Jean-Joseph Merlin, qui habitait à Londres au XVIIIe siècle et qui avait un certain sens du show. Armé de ses patins rudimentaires et d'un violon, il débarqua en fanfare lors d'une soirée à Carlisle House, mais n'ayant pas prévu de moyen de ralentir sa course, il se blessa gravement en s'encastrant dans un miroir d'une valeur de 500 livres. Une belle histoire pour vous la péter en soirée.

Pourquoi c'est un sport

En 2017, le roller derby faisait partie intégrante de la première édition des World Roller Games.

31

Ce que cela nous apprend sur l'humanité

Qu'on est prêt à faire n'importe quoi quand on est dos au mur.

WALL GAME

Droit au mur

LES RÈGLES

Le long d'un mur de 110 mètres de long, deux équipes s'affrontent pour tenter de faire progresser le ballon vers des zones d'essai. Une fois le cuir mené jusqu'en zone d'en-but, il est possible de scorer un but qui vaut dix points en tirant sur un arbre d'un côté, ou une porte de jardin de l'autre. Au niveau des règles, il est interdit de porter le ballon à la main et le joueur qui veut marquer doit maintenir un contact physique avec le mur, ce qui se traduit le plus souvent par la formation d'une mêlée intense et grouillante. Reste à préciser que les mi-temps durent 30 minutes, que seuls les pieds et les mains peuvent toucher le sol, et qu'il est interdit de tenir ou de frapper ses adversaires.

L'HISTOIRE

Spécialité du prestigieux Eton College, situé dans la banlieue ouest de Londres, le Wall Game se déroule chaque année le jour de la saint Andrew. Depuis 1766, il oppose les « Collegers » et les « Oppidans » et a été retransmis pour la première fois par la BBC en 1948.

On aurait préféré l'ignorer

En raison de la difficulté du jeu, personne n'a marqué de but en match officiel depuis 1909. Pas hypertélévisuel comme sport.

La guerre vue du ciel

La star

Ancien maire de Londres et avocat du Brexit, le pétulant Boris Johnson s'est fait remarquer en tant que capitaine des Collegers.

LE CHIFFRE

1849

Date à laquelle les règles ont pour la dernière fois été révisées.

Pourquoi c'est un sport

En dépit du port de manches longues, les joueurs qui sont coincés contre le mur dans la mêlée peuvent dire adieu à la peau de leurs coudes, de leurs côtes et de leurs genoux.

Pourquoi c'est un sport

Le tir à la corde demande force et technique. La coopération et le rythme jouent un rôle essentiel, tant et si bien qu'une personne appelée « driver » arpente la corde sur le côté pour hurler des ordres à ses coéquipiers afin de coordonner l'effort de traction.

32

TIR À LA CORDE

Oh hisse, la saucisse

LES RÈGLES

Classées par catégories de poids, deux équipes de huit s'affrontent. On démarre la partie après avoir placé le milieu de la corde au-dessus d'une ligne tracée sur le sol. La victoire se décide quand le fanion d'une des équipes dépasse une autre bande qui se trouve à cinq mètres de l'axe central, à gauche ou à droite.

L'HISTOIRE

En raison de sa simplicité, ce sport, qui figurait au programme des Jeux olympiques entre 1904 et 1920, fait partie des plus anciens et des plus répandus. Plusieurs sources indiquent qu'il était déjà pratiqué entre le ve et le viiie siècle en Chine sous la dynastie des Tang à des fins d'entraînement militaire. Au rythme des tambours, l'empereur Xuanzong organisait de grandes compétitions, avec plus de 500 participants dans chaque équipe et des cordes pouvant mesurer jusqu'à 167 mètres. On retrouve des traces de ce sport à partir du xiie siècle en Inde. En Europe, le tir à la corde a essentiellement été popularisé au xixe siècle, grâce à l'influence du milieu naval. Il existe énormément d'adaptations régionales.

Oh, comment ils posent devant !

On aurait préféré l'ignorer

La pratique provoque régulièrement des drames. En février 2013, neuf doigts ont dû être amputés sur deux élèves dans un lycée de Californie. Plus grave, deux scouts sont morts le 4 juin 1995 en Allemagne après que la corde a cassé lors d'une tentative de record du monde qui a réuni plus de 650 personnes.

La star

Lors d'un match organisé en juin 2018 par le zoo de San Antonio au Texas, Axelle, une lionne âgée de 2 ans, a ridiculisé une équipe de gros bras formée par Trevor Mann, Fabian Aichner et Killian Dain, trois professionnels de la World Westling Entertainment, la principale société organisatrice de combats de catchs aux États-Unis.

« Les hommes, ma chère, c'est comme les cerfs-volants : plus on leur rend de corde, plus on les tient. »

Alexandre Dumas fils

L'ANECDOTE POUR BRILLER

Apparemment, les puristes disent « tire à la corde », voilà, voilà.

Ce que cela nous apprend sur l'humanité

Que cela peut servir à résoudre pacifiquement des conflits puisque, depuis 1987, deux villes japonaises, Hamamatsu et Iida, à la frontière des préfectures de Shizuoka et Nagano, s'affrontent annuellement pour définir la frontière officieuse : un mètre gagné par victoire !

33

Pourquoi c'est un sport

Parce que les organisateurs militent très sérieusement pour son inscription aux Jeux olympiques.

SHIN KICKING

Qui veut des bleus ?

On aurait préféré l'ignorer

Au cours du XIXe siècle, les concurrents avaient pour habitude de renforcer leurs souliers avec du métal, ce qui est aujourd'hui formellement interdit. En outre, l'entraînement des plus déterminés consistait à se frapper les tibias avec un marteau pour s'immuniser à la douleur. Les gars, sérieux…

LES RÈGLES

En un contre un, le but est aussi simple que méchant : s'attraper les épaules puis faire mal en frappant uniquement les tibias afin de mettre son rival à terre. En guise de légère protection, les fous qui y participent se bourrent généralement le pantalon de paille. À défaut de tomber, les participants qui souffrent trop peuvent crier « assez » afin que le match soit stoppé par l'arbitre puis ils sont dirigés vers les ambulances les plus proches. Le gagnant se décide au meilleur des trois manches.

L'HISTOIRE

Art martial anglais né au début du XVIIe siècle, la discipline a longtemps été populaire auprès des mineurs des Cornouailles, avant de devenir le passe-temps préféré des migrants britanniques aux États-Unis. L'épreuve est désormais le point d'orgue des Cotswold Games, une olympiade de jeux de sports anciens organisée chaque année depuis 1951 près du village de Chipping Campden, en Angleterre.

« Que le bel uniforme vert (me disais-je hier, en regardant l'Institut) cache de jambes mécaniques, de ceintures herniaires, de fausses dents et de tibias démontables ! »

Paul Morand

écrivain français

LE CHIFFRE

1612

La date de naissance de ce sport.

La star

L'actuel champion du monde de la discipline est un jeune fermier anglais de 28 ans du nom d'Adam Miller. Un bon nom pour un milieu de terrain rugueux de Premier League, casseur de tibias, évidemment.

Ce que cela nous apprend sur l'humanité

Que les footballeurs sont vraiment des chochottes.

Tout le monde n'a pas la chance d'être tombé dans la marmite de potion magique en étant petit

34

LANCER DE MENHIR

Une escapade chez nos ancêtres les Gaulois

LES RÈGLES

Ça semble évident, il convient de lancer des menhirs le plus loin possible sur une surface ensablée. Le poids des projectiles varie selon les catégories, avec un maximum de 20 kilos. Ici pas de polémiques liées au dopage puisqu'une rasade de potion magique est tolérée par les gentils organisateurs.

L'HISTOIRE

Organisé chaque premier jeudi du mois d'août, ce championnat est devenu le rendez-vous incontournable des habitants de Guerlesquin, un rutilant village du Finistère. Entre deux sangliers grillés, plus de 700 personnes ont participé au concours en 2017.

On aurait préféré l'ignorer

Malheureusement, la potion magique est un simple breuvage à base de jus de pomme et de coca. Panoramix, cet escroc.

La star

Alexandra Tavernier de Lannion, vice-championne d'Europe du lancer de marteau, a récemment pulvérisé le record féminin avec 5,60 m. « Elle a cassé le premier menhir qu'elle a lancé », raconte l'organisateur, qui dresse un constat sans appel : « Elle met 1,60 m à tout le monde. »

LE CHIFFRE

7,05 m

Le record de lancer après quinze éditions.

Ce que cela nous apprend sur l'humanité

Mystérieuse, la fonction des menhirs reste sujette à spéculations chez les historiens. Certains pensent qu'ils étaient dévolus aux rites de fertilité ou utilisés pour des sacrifices humains, quand d'autres assurent qu'ils servaient de bornes territoriales.

Obélix flying to the week end like

35

CULTURISME

Stéroïdes, culte de l'esthétique et troubles mentaux

LES RÈGLES

En dépit de ses liens avec la musculation et les sports de force, le culturisme en diffère grandement en ce qu'il ne recherche pas la force pure, mais l'esthétique. C'est avant tout un art de la performance qui consiste à développer sa masse musculaire, puis à l'exhiber en exécutant une chorégraphie ou des poses codifiées sous les yeux d'un jury. Ce dernier évalue le développement musculaire de chaque candidat, la symétrie de ses muscles, la netteté des veines et l'harmonie générale qui en ressort à l'aide d'un barème. Plus que toléré, l'usage de stéroïdes anabolisants est indispensable. Le port du slip aussi.

L'HISTOIRE

L'Allemand Eugen Sandow est considéré par beaucoup comme le « père du bodybuilding ». Né à Londres en 1867, ce dernier fait des démonstrations de force dans des spectacles de cirque en France, en Grande-Bretagne et aux États-Unis. Remarqué par Florenz Ziegfeld, un imprésario américain, il se produit à l'Exposition universelle de 1893 à Chicago, où il se distingue de ses collègues par le soin qu'il porte à son apparence, cherchant à reproduire l'idéal antique et à sculpter son corps. Très vite, cette exigence devient son objectif principal. Sandow développe alors tout un attirail pour ses entraînements, à commencer par les lanières de caoutchouc élastique qui portent encore aujourd'hui son nom. Gagnant des adeptes, le culturisme entra véritablement dans une nouvelle ère quand l'entrepreneur canadien Joe Weider créa la Fédération internationale de bodybuilding et de fitness en 1946, puis le concours Mister Olympia en 1965, qui devint rapidement le plus prestigieux de la discipline. Les nombreux magazines spécialisés qu'il publia contribuèrent à développer la pratique, *via* la multiplication des centres d'entraînement, la codification des techniques et le contrôle strict de la nutrition.

Ce que cela nous apprend sur l'humanité

Recalé par le comité olympique au début des années 2000, le culturisme n'en demeure pas moins une discipline exigeante qui demande un entraînement drastique. Pendant des mois, les bodybuilders éliminent tous les tissus adipeux de leurs corps avant, dans la dernière ligne droite, de se déshydrater volontairement et de suivre un régime riche en glucides, pour accentuer au maximum la définition de leurs muscles.

« L'idéal du culturisme est la perfection visuelle. Imaginez une statue grecque prenant vie. Il s'agit de sculpter votre corps comme un artiste cisèle la pierre. »

Arnold Schwarzenegger,
boss autrichien

LES CHIFFRES

8
Le nombre record de victoires de Lee Haney et Ronnie Coleman au prestigieux concours Mister Olympia.

639
soit le nombre de muscles dans le corps humain.

1978
L'année du premier concours féminin de bodybuilding.

L'ANECDOTE POUR BRILLER

Réalisé par Robert Leonard en 1936, *Le Grand Ziegfeld* retrace l'itinéraire du célèbre producteur américain, qui créa les shows les plus spectaculaires de Broadway. On y retrouve dépeints en musique les débuts du bodybuilding ainsi que la figure d'Eugen Sandow. Une plongée dans ce milieu qui a bien plu à l'époque puisque ce film a récolté la bagatelle de trois Oscars.

Pourquoi c'est un sport

Que notre sens de l'esthétique a pris un sacré coup au fil des siècles. Dans la Grèce antique, l'idéal du corps masculin est incarné par Héraclès, symbole de masculinité aux proportions idéales, dérivées du nombre d'or. Aujourd'hui, l'essentiel semble d'avoir les muscles les plus gonflés, les veines les plus tracées, le slip le plus serré et le meilleur autobronzant.

La star

Surnommé « le Chêne autrichien », en raison de son impressionnant gabarit de 1,85 m pour 107 kilos et sa propension à faire des tractions sur les branches des arbres, Arnold Schwarzenegger a marqué comme personne l'histoire du culturisme. Initié à l'adolescence à la musculation par son entraîneur de football, il tombe rapidement accro et squatte les salles de gym. Malgré la désapprobation de ses parents, il s'obstine et devient le plus jeune Mister Univers de l'histoire, à 20 ans. Le début d'un règne sans partage qui le verra collecter pas moins de cinq titres de Mister Univers et sept titres de Mister Olympia au cours des années 1970. Devenu une icône, il contribue à la popularisation de la discipline auprès du grand public en tenant son propre rôle dans le documentaire culte *Pumping Iron*, sorti en 1975. Sa performance remarquée et son physique avantageux lui ouvrent alors les portes d'Hollywood, où il s'impose au cours des années 1980 en tant que vedette du cinéma d'action, en incarnant par exemple le redoutable Terminator. En 2003, celui que tout le monde appelle désormais « Schwarzy » met sa carrière cinématographique entre parenthèses pour occuper le prestigieux poste de gouverneur de la Californie. Costaud comme carrière !

On aurait préféré l'ignorer

Bien que le sujet soit tabou dans la communauté, la consommation de stéroïdes anabolisants aurait pour effet secondaire de provoquer une certaine fragilité psychologique, les athlètes devenant très susceptibles et s'emportant facilement à la moindre moquerie.

Trois questions à Sébastien Delahaye, champion de France 2019

Le culturisme, c'est du sport ?

C'est vraiment du sport ! Et cela va même au-delà. C'est une passion dévorante, un mode de vie. À la salle, c'est un entraînement intense six jours sur sept, ce n'est pas de la gonflette. C'est moi qui soulève les charges les plus lourdes. En dehors des entraînements, je passe mon temps à essayer de m'améliorer, à cogiter, à travailler ma programmation. Je cherche tout le temps à optimiser mon comportement pour optimiser mon physique. Parfois, cela peut partir dans l'extrême. C'est le sport le plus prenant car les repas ont une importance extrême, vu que la construction du corps se fait par l'alimentation, l'entraînement et la gestion des efforts *via* le respect des plages de repos. Il y a une interdépendance entre tous ces facteurs, il faut parvenir à trouver l'équilibre. S'il manque un seul des trois éléments, on ne va pas prendre de muscle. Depuis quelques années, je m'éloigne vraiment des magazines et des blogs sur Internet qui proposent des entraînements stéréotypés, basés sur la répétition des séries. Cela marche seulement pour les dopés ! Ces derniers prennent du muscle grâce aux différents produits, mais ils ne cogitent pas sur le pourquoi du comment ! Moi, j'étudie à fond le corps humain et son mécanisme.

Vous êtes affilié à la Fédération de culture physique et de culturisme naturel

Je suis champion de France des -70 kilos. On ne devrait pas avoir à préciser le côté naturel mais c'est essentiel, vu qu'il y a aussi le bodybuilding spectacle, sans contrôle anti-dopage, où les dérives sont nombreuses. À cause du recours aux hormones de croissance, on en arrive à des physiques monstrueux. C'est le gros problème à l'heure actuelle. Chez nous, les « naturels », il y a des catégories de poids. Mais à Mister Univers ou Mister Olympia les mecs font tous plus de 100 kilos, ils sont énormes. Les tailles sont plus larges parce que l'intestin grossit à cause des produits, ce n'est pas beau. Les proportions ne sont pas aussi esthétiques qu'à époque de Schwarzy.

Dans les deux cas, le narcissime est certain !

J'aurais envie de dire que c'est plutôt l'inverse. On a tout le temps des choses à améliorer. Quand je me regarde dans le miroir, j'ai toujours des critiques à faire. Je vois mes points faibles et je cherche à les améliorer : cela peut être mes cuisses qui ne sont pas assez larges ou mes abdos qui ne sont pas assez dessinés. On est tout le temps insatisfait car on cherche la perfection. Le but n'est pas d'avoir les plus gros bras, d'être impressionnant, mais plutôt de n'avoir absolument aucun défaut ! Pour les cacher, la façon de poser est très importante. Le jour de la compétition, en fonction de l'adversaire, je vais décider de vraiment montrer mes fessiers sur une pose de profil, par exemple je vais me cambrer assez pour que mes fessiers soient mieux étirés par rapport à quelqu'un qui n'en a pas. Ce sont des petits détails qui peuvent faire la différence.

Quand t'es hyper fier de ton nouveau slip

36

Pourquoi c'est un sport

Les fractures sont nombreuses et les chevilles tordues aussi, preuve de la violence des affrontements.

On aurait préféré l'ignorer

Chaque combat est précédé d'une inspection médicale pour vérifier la propreté des pieds. Désolé Frodon Sacquet.

COMBAT D'ORTEILS

C'est vraiment le pied

LES RÈGLES

Il convient de faire flancher son opposant comme au bras de fer. Un match se joue au meilleur des trois rounds, où on alterne pied droit et pied gauche. La tradition veut que chaque joueur enlève la chaussure et la chaussette de son adversaire, parce que c'est courtois. Un peu crado, mais courtois.

Pieds nickelés

L'HISTOIRE

Ce sport a été inventé par quatre amis nommés Pete Cheetham, Eddie Stansfield, Pete Dean et Mick Dawson, un soir particulièrement arrosé de 1974 dans un pub de Wetton, dans le Staffordshire. Les compères se plaignaient de l'incapacité du Royaume-Uni à produire des champions du monde et décidèrent de créer une discipline où les Anglais pourraient enfin briller. Mick fut le premier champion, avant d'être détrôné par un visiteur canadien qui se prit au jeu en 1976. Depuis, la popularité du combat d'orteils n'a fait que croître et les championnats du monde sont organisés chaque année dans l'auberge Bentley Brook, près d'Ashbourne.

La star

On parle d'un homme qui s'est brisé quatre orteils en demi-finales avant de les remettre lui-même en place pour s'imposer en finale. Alan « Nasty » Nash a le crâne chauve, un physique dissuasif et une tactique simple : « Faire très mal à la première personne qui m'affronte sur le ring afin de terrifier les autres. » Efficace, puisque l'Anglais a collectionné quinze titres de champion du monde depuis sa première victoire en 1994.

Ce que cela nous apprend sur l'humanité

Que l'alcool peut nous emmener très loin.

LE CHIFFRE

30

Le nombre moyen de participants annuels selon les organisateurs.

37

GRAVY WRESTLING

On aurait préféré l'ignorer
Lors des premières éditions, la gravy attirait les guêpes. Du coup, le mélange dans lequel baignent les concurrents est désormais fabriqué avec de la farine de maïs et du caramel.

Envoyez la sauce !

Un maximum de sauce, Chef !

LES RÈGLES

Il s'agit tout simplement de se battre dans une piscine gonflable de 1500 litres remplie de Lancashire Gravy – une sauce traditionnelle anglaise faite à base du jus de viande qui reste au fond du plat de cuisson – pendant deux minutes. Outre l'habilité au combat, l'originalité des déguisements, la capacité à divertir et les effets comiques rapportent des points aux yeux des juges.

L'HISTOIRE

Lancé en 2007, l'événement est organisé tous les ans par le Rose'N'Bowl, un pub de la ville de Stacksteads, dans le nord de l'Angleterre. Les bénéfices, quelques milliers d'euros annuels, sont reversés à l'hospice du Lancashire et différentes associations locales. Ce qui atténue un peu la débilité de la compétition.

LE CHIFFRE
22
Le nombre de concurrents qui ont participé aux derniers championnats du monde.

La star
Avec cinq victoires, le bientôt quarantenaire Joel Hicks, souvent déguisé en Gandalf, glisse sur la concurrence.

« Réaliser son rêve, transpirer sur un travail solitaire, avoir la chance de créer... Voilà la viande et les pommes de terre de la vie. L'argent en est la gravy. »

Bette Davis,
actrice américaine

Ce que cela nous apprend sur l'humanité
Que les Anglais ne connaissent pas la béarnaise.

38

PORTER DE FEMMES

En voiture Simone…

L'HISTOIRE

Depuis 1992, la compétition phare se tient chaque été à 400 km d'Helsinki dans le petit village de Sonkarjärvi, en Finlande. La tradition semble directement empruntée à la légende de Ronkainen le Voleur, qui aurait vécu au XIXe siècle. Ce dernier vivait en forêt à la tête d'une bande de truands, qui passaient à la nuit tombée dans les villages pour kidnapper des femmes qu'ils ramenaient sur leur dos à leur campement. Ainsi, malgré des origines assez sombres, la tradition perdure, et s'exporte même : le porter de femme est désormais pratiqué aux États-Unis, en Angleterre, en Pologne, en Australie et à Hong-Kong.

LES RÈGLES

Un homme doit porter une femme à travers un parcours d'obstacles long de 253,5 m le plus rapidement possible. Selon le comité international, la piste doit comporter deux obstacles secs et un obstacle d'eau, d'environ un mètre de profondeur. L'épouse n'est pas nécessairement celle du porteur, mais doit être âgée d'au moins 17 ans et porter un casque. Si son poids est inférieur à 49 kilos, elle est lestée en conséquence. En cas de victoire, la récompense pour le couple est le poids de la femme en bière.

On aurait préféré l'ignorer

Il existe plusieurs techniques de portage. Celle du pompier consiste à porter sa compagne sur une seule épaule comme un vulgaire sac de pommes de terre. Mais la plus efficace reste apparemment le porter à l'estonienne, où la femme met la tête en bas et enserre les épaules du porteur avec ses jambes. Sympa quand il s'agit de traverser l'obstacle d'eau.

Ce que cela nous apprend sur l'humanité

Que les Scandinaves ont usurpé leur statut international de leaders de l'égalité hommes-femmes.

« Les hommes passent la moitié de leur temps à se forger des chaînes et l'autre moitié à les porter. »

Octave Mirbeau,
écrivain français

La tête dans le cul, littéralement

L'ANECDOTE POUR BRILLER

En 2015, Bollywood a rendu hommage à ce sport avec le film *Dum Laga Ke Haisha*, qui retrace les atermoiements d'un couple issu d'un mariage arrangé.

LE CHIFFRE

56,9

secondes, soit le record du monde réalisé par le binôme estonien composé de Margo Uusorg et Sandra Kullas en 2006.

Pourquoi c'est un sport

Le poids moyen d'une Américaine est de 76,7 kilos, sans compter le maquillage.

39

BO-TAOSHI

L'occasion de défoncer ses potos

LES RÈGLES

En japonais, *bo-taoshi* signifie « faire tomber le poteau ». Spectaculaire, le sport oppose deux équipes de 150 joueurs qui se séparent en deux groupes de 75 attaquants et 75 défenseurs. La mission des premiers, qui chargent comme des barbares, est d'incliner le poteau de l'équipe adverse en dessous d'un angle de 30 degrés. L'objectif des seconds est de rester soudés et de repousser les vagues des assaillants par tous les moyens, en maintenant bien droit le mât de quatre mètres. Sur le terrain se déroulent donc deux batailles simultanément, ce qui se traduit dans les faits par une impressionnante mêlée où tous les coups sont permis : coups de poing, coups de pied et plongeons kamikazes la tête en avant… Rien n'est trop beau pour la patrie.

L'HISTOIRE

Ce sport est né en 1945 dans les casernes militaires nippones. C'était un exercice d'entraînement pour les différents corps de l'armée, qui s'affrontaient pour savoir qui était le meilleur. Il n'est cependant plus pratiqué aujourd'hui que par les cadets de l'Académie des forces japonaises d'autodéfense, qui organisent chaque année un match de grande ampleur pour maintenir la tradition.

La star

Le courageux voltigeur qui se tient en haut du poteau, balloté au cœur de la tempête, est surnommé « le Ninja ».

LE CHIFFRE

300

Le nombre de joueurs sur le terrain.

Ce que cela nous apprend sur l'humanité

Malgré l'interdiction de posséder une armée, le Japon investit chaque année plus de 50 milliards de dollars sur le plan militaire et dispose d'effectifs supérieurs à 248 000 hommes. Entraînées pour parer la menace chinoise, ces forces n'ont cependant pas le droit d'intervenir à l'extérieur du pays, sauf pour raisons humanitaires.

L'ANECDOTE POUR BRILLER

Le bo-taoshi est le sport préféré de l'empereur Akihito, qui vient d'abdiquer en avril 2019 après plus de trente ans de règne. Sa Majesté a des goûts moins excitants dans d'autres domaines puisqu'il est aussi passionné d'ichtyologie, la branche des sciences naturelles qui étudie les poissons.

On aurait préféré l'ignorer

Les coups de talon dans le nez sont assez efficaces pour repousser les assaillants.

World War Z

« Des tactiques militaires mal planifiées entraînent de grandes pertes. »

Proverbe japonais

Pourquoi c'est un sport

La violence a progressivement mis le bo-taoshi sur la touche dans les écoles japonaises, même si ces dernières ont diffusé sa pratique pendant plusieurs décennies, quand on avait encore le droit de s'amuser.

40

BUZKASHI

Carcasses décapitées, coups de fouets et talibans

LES RÈGLES

Elles diffèrent selon les régions, mais le buzkashi oppose le plus souvent deux équipes de dix cavaliers. Une carcasse décapitée, souvent celle d'une chèvre, est lancée sur le sol. Au signal, les cavaliers s'en emparent afin de l'emmener vers les buts situés aux extrémités du terrain, parfois distants de plusieurs kilomètres. Traditionnellement, la partie se termine quand les cavaliers sont fatigués, qu'une équipe admet la supériorité de l'autre ou lorsque les points déterminés à l'avance sont atteints.

L'HISTOIRE

Sport national en Afghanistan, le buzkashi est une tradition très ancienne. Il aurait été inventé en 1227 par Gengis Khan, le fondateur de l'Empire mongol, dans le but de divertir son armée après que celle-ci a conquis la quasi-totalité de l'Asie. Mais selon d'autres récits, le buzkashi était avant tout un moyen pour les peuplades nomades de s'entraîner à la guerre, à moins qu'il n'ait été pratiqué pour agrémenter les festivités des mariages turkmènes. Toujours est-il que ce sport très populaire en Asie centrale figure désormais au programme des Jeux mondiaux nomades, une compétition sportive internationale qui a lieu tous les deux ans depuis 2014.

Ce que cela nous apprend sur l'humanité

Sous le règne des talibans, le buzkashi a été interdit en Afghanistan car considéré comme « immoral ». Tout comme la musique, la danse, le théâtre, le cinéma, la télévision et les ordinateurs. Ce qui ne laissait quand même pas beaucoup de place pour le fun.

LES CHIFFRES

45 minutes

La durée d'une mi-temps selon les règles introduites par le Comité olympique afghan, qui tente sans succès de codifier le jeu.

15 000 dollars

soit le prix moyen des chevaux employés pour ce jeu, une fortune en Afghanistan. Ces derniers subissent un entraînement spécial long de plusieurs années.

L'ANECDOTE POUR BRILLER

Ce sport très physique a servi de trame à l'écrivain et grand reporter Joseph Kessel pour le scénario du film *La Passe du diable*, sorti en 1956, ainsi que pour son roman *Les Cavaliers*, chef-d'œuvre littéraire publié en 1967.

Trois questions à Louis Meunier, auteur des *Cavaliers afghans* (2014)

Qu'est-ce qui vous a le plus impressionné au buzkashi ?

Déjà, il faut savoir que la carcasse pèse une cinquantaine de kilos, que les chevaux sont dressés pour cabrer, ruser, mordre, que tous les coups sont permis et que chacun joue pour soi. Les tournois sont d'une violence inouïe, ce sont des spectacles fascinants de beauté sauvage. Tu ne comprendras pleinement l'Afghanistan et l'âme de ses habitants que lorsque tu auras vu un tournoi de buzkashi.

Les parties durent des heures…

Il n'y a pas de limite au terrain. Je me souviens d'un tournoi qui s'est terminé sur la chaussée, au milieu d'un carrefour de Kaboul. Nos chevaux marchaient sur les capots des voitures, il y a eu beaucoup de tôle froissée ce jour-là. Souvent, des spectateurs se faisaient renverser ou piétiner.

Ne pourrait-on pas remplacer la pauvre chèvre par une balle synthétique ?

Cela ne serait plus du buzkashi ! Le jeu se joue dans toute l'Asie centrale, mais c'est en Afghanistan qu'il est le plus violent et le plus spectaculaire. Ses cavaliers redoutables, les tchopendoz, ne craignent ni les blessures ni la mort. On suppose qu'ils remontent au conquérant mongol Gengis Khan et à ses hordes de mille cavaliers, les Hazaras, qui pillaient les villages, attrapant au galop les femmes et le bétail qui avaient le malheur de se trouver sur leur passage.

On aurait préféré l'ignorer

Rendons ici hommage à la chèvre décapitée, que tout le monde s'arrache. Avant le match, elle est éviscérée et ses pattes sont sectionnées au niveau du genou. Elle est ensuite trempée dans l'eau froide pendant 24 heures afin de la durcir. Si nécessaire, on la leste parfois avec quelques kilos de sable, ce qui ne l'empêche pas de se désintégrer totalement lors de certaines parties endiablées.

La star

Originaire de Kunduz dans le nord du pays, le légendaire Aziz Ahmad, aujourd'hui âgé de 55 ans, est considéré comme le meilleur joueur de l'histoire. Il a longtemps été sponsorisé par Mohammed Fahim, richissime seigneur de guerre qui commandait une milice de 10 000 hommes dans la vallée du Pandjir lors de la guerre contre les talibans.

Pourquoi c'est un sport

Les cavaliers sont armés de fouets et de bâtons, et ils ont le droit de s'en servir à volonté. Dans certains pays, il est même permis de faire tomber un adversaire en le tirant ou en le poussant. De fait, malgré les vêtements épais et autres protections portées par les joueurs, les blessures sont fréquentes.

Contrefaçon de Ralph Lauren

« Il fallait en vérité, à tous les coursiers de bouzkachi, les qualités les plus rares et les plus contraires : la fougue et la patience, la vitesse du vent et l'entêtement d'une bête de bât, la bravoure du lion et l'art d'un chien savant. »

Joseph Kessel,
écrivain français

Ce que cela nous apprend sur l'humanité

**Qu'à l'époque ça simulait moins.
D'ailleurs, on a des nouvelles de Fabrice Fiorèse ?**

SOULE

Un pour tous et tous pour un...

On aurait préféré l'ignorer

Au XIIe siècle, quand on n'avait pas de boule de bois sous la main, on jouait avec une vessie de porc remplie d'air.

LES RÈGLES

Ancêtre ou cousin du football, du handball et du rugby, la soule, prononcée « chôle » en picard et « choule » en normand, est un bon vieux jeu traditionnel comme on n'en fait plus. Figurez-vous deux équipes sans limites définies, c'est-à-dire constituées de tous les hommes valides du coin. Donnez-leur le même en-but, que ce soit un lieu-dit ou une mare, puis jetez une balle au milieu de la mêlée. Pour le reste, laissez-les éructer en toute liberté. S'ils le désirent, les joueurs peuvent se concerter pour désigner un arbitre dont les seuls attributs sont de donner le coup d'envoi et d'arrêter le jeu en cas d'accident.

Le Père Noël joue pilier

La star

En 1066, Guillaume le Conquérant prend pied en Angleterre et introduit la soule normando-picarde outre-Manche.

LE CHIFFRE

0

Le nombre de règles véritablement contraignantes.

L'HISTOIRE

Sport jadis essentiellement joué de Noël à la Saint-Jean, ou bien en temps de carnaval par les classes pauvres, la soule tire ses racines d'anciens sports romains et scandinaves. À cause de sa violence, elle est à maintes reprises compromise, puis interdite par les rois Philippe V en 1319 et Charles V en 1369. Populaire à la Renaissance, le manque de règle définie, d'organisation structurée ainsi que l'exode rural ont ensuite contribué à son déclin. On assiste actuellement à sa renaissance en Normandie, sous le terme de « Grande Choule » et de « Choule crosse », mais sur une base de règles évitant la violence.

Pourquoi c'est un sport

Parce que le film *La Soule* (1988) de Michel Sibra, avec Richard Bohringer et Christophe Malavoy, a été qualifié le 11 février 1989 par *Le Monde* de « film d'hommes et d'action ».

Pourquoi c'est un sport

Tous les ans, on doit réparer des chevilles cassées et des côtes fracturées. Mais tout se déroule dans le plus parfait esprit de fair-play, assurent les participants, la main sur le cœur.

42

ROYAL SHROVERTIDE FOOTBALL

Une ville coupée en deux

LES RÈGLES

Elles sont au nombre de trois : tu ne tueras point, tu ne dissimuleras pas le ballon et tu ne pénétreras pas dans le cimetière. Sinon, tout est permis.

L'HISTOIRE

Ce match de football médiéval se dispute chaque année à Ashbourne depuis le XIIe siècle, à l'occasion du Mardi gras et du Mercredi des cendres. Pour l'occasion, la bourgade anglaise se scinde en deux : d'un côté, les gars du haut (Up'ards), nés au nord de la rivière Henmore, et de l'autre, les gars du bas (Down'ards). Les deux équipes, composées de plusieurs milliers de villageois, s'écharpent à la poursuite du ballon en cuir, qu'il faut parvenir à taper trois fois contre la meule du camp adverse pour marquer. Seulement, ces derniers sont distants de 5 kilomètres et situés des deux côtés des berges, ce qui implique des rixes mémorables dans la rivière.

LE CHIFFRE

22 heures

L'heure à laquelle la partie se termine si aucun but n'est marqué.

« J'aiiiiii ! »

On aurait préféré l'ignorer

Une des hypothèses sur l'origine du jeu serait que la « balle » était au départ une tête que se passait la foule après une exécution. Super bueno tout ça !

La star

Le futur roi d'Angleterre Edward VIII a participé au Royal shrovertide football en 1928. Il s'en est tiré avec un saignement de nez.

« C'est un jeu magnifique, qui peut le nier ? Il met à l'épreuve le courage d'un Anglais. »

Le refrain de l'hymne
chanté avant chaque match

Ce que cela nous apprend sur l'humanité

Qu'il faut se méfier de ses voisins.

43

LE CHIFFRE

200

Le nombre d'années qu'a attendu le calcio florentin avant sa renaissance.

CALCIO FLORENTIN

LES RÈGLES

Rédigées en 1580 par Giovanni Bardi, elles sont un mélange de football, de rugby et de lutte. Deux équipes de 27 joueurs s'affrontent sur un terrain sablonneux. Ces derniers cherchent à marquer le plus de buts possible à l'adversaire. Tous les coups sont permis ou presque. Les seules interdictions sont les « 2 contre 1 » et les attaques par-derrière. Pour le reste, la violence est encouragée pendant cinquante minutes, devant une foule bruyante et une ambiance carnavalesque. Une petite subtilité néanmoins : si le ballon rebondit sur un poteau ou passe à côté des buts – un filet qui prend toute la largeur du terrain –, un demi-point est donné à l'équipe adverse. Ce qui demande un peu de précision entre deux coups de poing.

La star

Laurent II de Médicis, à qui Machiavel a dédié son célèbre traité *Le Prince* (1532), était un fervent adepte de ce jeu.

Ce que cela nous apprend sur l'humanité

Qu'il n'y a pas que des artistes à Florence.

L'HISTOIRE

Descendant du harpastum romain, un jeu viril fait de luttes pour la possession du ballon, le calcio se développe à Florence au début du Moyen Âge. À la Renaissance, il devient plus codifié et les nobles issus des quartiers de Santo Spirito, Santa Croce, Santa Maria Novella et San Giovanni y prennent goût. La pratique disparaîtra au cours du XVIIe siècle, avant sa renaissance sous l'Italie fasciste. De nos jours, il existe un grand tournoi annuel, le tournoi des quatre quartiers, qui se déroule chaque année au mois de juin.

L'ANECDOTE POUR BRILLER

En 1527, Florence avait chassé les Médicis du trône et proclamé la République. En guise de représailles, les troupes de Charles Quint assiègent la ville à l'automne 1529. Malgré la faim, les Florentins ne renoncent pas aux festivités du Carnaval. Le 17 février, un match de calcio est organisé avec orchestre sur la piazza Santa Croce, bien visible par les troupes ennemies qui campent non loin sur les hauteurs. Nargués, les soldats de l'Empire tirèrent un boulet de canon qui rata sa cible sous les huées des spectateurs ! Symbole de résistance à l'ennemi, ce match fait partie de la mémoire collective des Florentins.

On aurait préféré l'ignorer

Le veau de race chianina, qui était autrefois la récompense des vainqueurs, a été remplacé par un simple dîner. Tout ça pour ça…

« C'est trop petit pour qu'on l'appelle la guerre, trop cruel pour qu'on l'appelle un jeu. »

Henri III,
roi de France

Pourquoi c'est un sport

Parce que après 50 minutes d'effort, les matchs se concluent le plus souvent par une baston générale.

44

PACU JAWI

Oh la vache !

LES RÈGLES

Le pacu jawi est une course lors de laquelle les éleveurs de taureaux et de buffles mettent en valeur leurs animaux afin de les vendre. Il ne s'agit pas d'une « course » à proprement parler, étant donné que les animaux ne sont pas en concurrence et qu'il n'y a pas de vainqueur officiel. Concrètement, les jockeys s'attellent à un duo de buffles en attrapant leurs queues à mains nues, ils sont ensuite tractés par les animaux dans une rizière boueuse sur une distance qui peut aller de 60 mètres à plus de 250 mètres. C'est une sorte de ski nautique agricole en gros. Le but est de maintenir les buffles à vitesse maximale en ligne droite, afin de séduire les acheteurs potentiels qui se trouvent dans le public.

La star

Ce sont bien sûr les buffles qui occupent le devant de l'affiche. Avoir une bonne paire de taureaux est une source de fierté et d'orgueil pour les locaux, tant et si bien que les spectateurs peuvent payer deux à trois fois le prix de l'animal en cas de bonne performance.

L'HISTOIRE

La tradition du pacu jawi est vieille de 400 ans dans la province du Tanah Datar en Indonésie. La course se tient dans les rizières pour célébrer la fin de la récolte.

On aurait préféré l'ignorer

Pour faire accélérer l'animal, le jockey lui mord la queue. Luis Suarez appréciera.

Ce que cela nous apprend sur l'humanité

Cette tradition est intimement liée au peuple minangkabau, groupe ethnique du Sumatra occidental. La particularité principale de cette ethnie est d'être une société matrilinéaire, c'est-à-dire que la transmission des richesses se fait par les femmes.

L'ANECDOTE POUR BRILLER

Plus encore que les touristes, le pacu jawi est devenu le repaire de photographes en quête de clichés à couper le souffle. Ces dernières années, plusieurs images de ce sport ont été récompensées par des prix prestigieux comme le World Press Photo ou le Hamdan International Photography Award.

LE CHIFFRE

600

Le nombre de taureaux qui participent en moyenne au pacu jawi.

« Tiens-toi à sept pas de l'éléphant, à dix du buffle, à vingt d'une femme et à trente d'un homme ivre. »

Proverbe indien

Pourquoi c'est un sport

Les taureaux peuvent courir à des vitesses différentes ou emprunter des directions opposées. Autant dire que le jockey, qui ne voit rien à cause de la boue, a du pain sur la planche.

Après un gros chili con carne

45

BRAS DE FER

Plongée dans un monde fait de gros biceps, de créatine et de fractures de l'humérus

LES RÈGLES

On connaît tous ce jeu particulièrement appréciable quand on a un verre dans le nez. En compétition, le bras de fer est néanmoins beaucoup plus codifié. Divisés en catégories de poids, les tournois opposent des spécialistes de la main gauche ou de la main droite. Les affrontements se font debout avec les bras sur une table de tournoi rembourrée par des pads et des poignées et haute de 102 centimètres. Le gagnant est celui qui parvient à coucher la main de l'autre sur la table, sans jamais lever le coude du pad ou lâcher la poignée de maintien.

L'ANECDOTE POUR BRILLER

Vous avez sans doute déjà vu deux samouraïs s'affronter dans un film. À un moment du combat, ils croisent leurs épées et s'immobilisent, chacun essayant de faire flancher l'autre. Afin de progresser dans cette technique, les Japonais ont longtemps plébiscité le bras de fer, qu'ils pratiquaient allongés, debout ou sur la table à dîner.

L'HISTOIRE

Comme l'assure l'historien Oleg Stepanov, rien ne prouve l'existence du bras de fer dans l'Égypte ancienne, même si certains hiéroglyphes semblent le suggérer. Même chose pour la Grèce antique et l'Empire romain. En revanche, de nombreuses estampes montrent clairement des Japonais en train de pratiquer ce sport. La première référence précise date de l'an 712, dans un écrit intitulé *Kojiki*, dans lequel les dieux Takemikazuchi et Takeminakata s'affrontent au bras de fer pour la possession de certaines îles japonaises. Dans l'ère moderne, la pratique a été structurée en tant que discipline sportive aux États-Unis dans les années 1960. Fondée en 1977, la World Armwrestling Federation, présidée par le Bulgare Assen Hadjitodorov, tente de structurer cette pratique encore confidentielle dans plusieurs pays.

Ce que cela nous apprend sur l'humanité

Que la créatine est un dérivé d'acide aminé naturel, présent principalement dans les fibres musculaires et le cerveau.

« Vous pourriez battre un T-Rex au bras de fer, mais il vaut mieux éviter de le faire parce que cela les énerve. »

Robert T. Bakker,
paléontologue américain

LES CHIFFRES

50 cm

La largeur des avant-bras de Jeff Dabe. Surnommé « Popeye », cet habitant du Minnesota a tourné cette difformité à son avantage en devenant ferriste (oui, c'est comme ça qu'on dit).

81

Le nombre de pays membres de la Fédération mondiale de bras de fer.

On aurait préféré l'ignorer

Le bras de fer exerce une pression terrible sur l'humérus (l'os du bras entre l'épaule et le coude), à un niveau rarement atteint dans d'autres activités physiques. De fait, les fractures sont fréquentes et particulièrement violentes. De l'avis de nombreux témoins, quand il se brise, ce dernier fait le bruit d'une branche qui craque. Sympa !

La star

Actuel champion du monde main droite des poids lourds, l'Américain John Brzenk, âgé de 54 ans, est considéré comme le plus grand ferriste de tous les temps. Une popularité qui se mesure à ses différents surnoms qui envoient du lourd : « Golden boy », « Perfect Storm », « Superman » et « Giant Crusher ». Il remporte son premier titre mondial à l'âge de 18 ans et ses défaites, qui sont rares, ne sont intervenues que vers la fin de sa carrière. En 1987, il obtient la consécration avec une apparition fugace dans le chef-d'œuvre *Le Bras de fer* (*Over the Top*, 1987) aux côtés de Sylvester Stallone.

Pourquoi c'est un sport

La pratique demande un entraînement très spécifique. La puissance brute ne suffit pas, comme le prouve la victoire de Devon Larratt, ancien champion du monde de bras de fer, sur Hafbor Björnsson, le champion du monde d'épreuve de force. La technique de prise et la vitesse de bras sont déterminantes. Il faut également une grande force dans les doigts et les poignets. La longueur du bras, la masse musculaire, la taille de la poignée, l'endurance et la souplesse sont d'autres critères de victoire. La créatine aussi.

Trois questions à Ciprian Valéan, président de Bras de fer Paris

Pas mal ces biceps…

J'ai été champion de France des deux bras en 2017, en catégorie - 90 kilos. Pour moi, c'était un accomplissement après plusieurs années d'effort. J'ai encore du chemin car je veux remporter le championnat du monde dans la catégorie « Master », réservée aux hommes entre 40 et 50 ans. En France, on n'est personne, on est des touristes au niveau mondial, on se fait plier en deux minutes. En attendant, je suis à la fois entraîneur, organisateur de compétitions et athlète… Mais c'est la présidence de mon club Bras de fer Paris qui me prend du temps : je fais des démonstrations, j'aide des associations pour valoriser l'image du sport en France. On a beaucoup de retard. Ici, les gens aiment le confort, ils ne veulent pas souffrir autant que dans les pays de l'Est.

C'est difficile d'attirer les gens à la salle ?

Dans mon club, on est une petite vingtaine. Les mecs vraiment assidus, qui sont prêts à faire des efforts pour progresser, il y en a cinq ou six. Les autres viennent de temps en temps, ou arrêtent après un mois. Je ne leur en veux pas, c'est vrai que cela fait mal, aux épaules, au poignet. Et puis il faut payer ses déplacements, sa nourriture, les suppléments… Moi, j'ai investi 28000 euros pour organiser des tournois plutôt que de partir en vacances. Ma femme me fait la gueule, mais j'aime trop la compétition. Depuis 2018, on a une nouvelle fédération, affiliée à la Fédération française des sports de force, reconnue par l'État. Ça progresse quand même, on sort de la confidentialité. Là, je donne des cours à Villemomble, et là j'implante une nouvelle table de bras de fer dans une salle de muscu à Clichy.

Que faut-il pour briller ?

Il n'y a pas de secret, le premier facteur, c'est la muscu, la force du muscle. Mais ce n'est pas le seul, il y a aussi la vitesse, la technique et l'endurance. Il faut en combiner au moins deux pour espérer gagner. L'idéal, c'est de parvenir à un équilibre, comprendre la biomécanique du bras pour trouver son style. Si vous y parvenez, vous pourrez devenir plus forts qu'Alain Lanique, qui a fait neuf podiums aux championnats du monde. Il est décédé l'année dernière. C'était un des pionniers de ce sport en France, à Vélizy-Villacoublay. On a eu des désaccords, lui et moi, mais ça m'a fait de la peine.

46

CONCOURS DE GIFLES

Pour ceux qui n'ont pas froid aux joues

LES RÈGLES

Deux adversaires se tiennent face à face et se donnent des baffes chacun leur tour jusqu'à un K.-O. ou un abandon. Simple, basique. Attention cependant à bien utiliser le plat de la main.

L'HISTOIRE

Si elle commence à pénétrer le marché américain, cette discipline spectaculaire nous vient tout droit de Russie, où des tournois sont régulièrement organisés. Le plus célèbre d'entre eux a lieu en Sibérie dans la ville de Krasnoïarsk et offre au vainqueur la modeste somme de 30000 roubles, soit un peu plus de 410 euros.

Bim, dans la courge

LE CHIFFRE

50 millions

Le nombre de vues sur YouTube d'un concours de gifles au Texas, preuve de la popularité de la pratique.

La star

Vasiliy Kamotskiy, un haltérophile russe surnommé « Dumpling », est considéré comme le Mohamed Ali de la baffe. Avec ses 167 kilos et son dos poilu, il a éclaté un à un tous ses adversaires avec une facilité déconcertante pour s'emparer du trophée dès sa première participation. Il a aussi gagné le concours du plus gros mangeur de raviolis. Quel homme !

Ce que cela nous apprend sur l'humanité

En France, gifles et fessées sont interdites par la loi depuis le 1er janvier 2017, mais uniquement de manière symbolique, car aucune sanction n'est prévue.

On aurait préféré l'ignorer

Pendant la Révolution française, le bourreau gifla la tête décapitée de Charlotte Corday, tandis qu'il la montrait à la foule horrifiée.

« Tiens, celle-là, tu l'as pas volée ! »

« Un homme civilisé, c'est celui qui aime mieux recevoir un coup de poing qu'une gifle. »

Jules Renard

Pourquoi c'est un sport

Les premiers championnats ont été mis en place en 2018 à Moscou lors de la Sarychev Power Expo, un salon de testostérone dédié à la promotion du patriotisme et des sports de force. Vladimir *likes it* !

Que Booba et Kaaris n'ont plus d'excuses pour ne pas se péter le coccyx.

BÉHOURD

Octogone presque sans règles

LES RÈGLES

Les combats de béhourd se disputent en deux rounds gagnants. Afin de laisser en vie les participants, les armes sont émoussées avant le combat et il est interdit de frapper les zones à risques, comme la nuque ou au niveau du pipou. Une équipe l'emporte quand elle met tous ses adversaires à terre.

L'HISTOIRE

À mi-chemin entre les tournois de chevaliers et le full contact, le béhourd est un sport de combat médiéval particulièrement violent. Au Moyen Âge, la pratique « galante » était assez codifiée, et s'est dotée dès le XVe siècle d'un règlement et d'un cérémonial précis. Tombée en désuétude, la discipline est réapparue dans les années 1990 en Europe de l'Est par le biais de la reconstitution de batailles. En effet, la majorité des pratiquants sont avant tout des férus d'histoire et mieux vaut être un peu calé, puisque les armes et les armures choisies par un combattant doivent être issues de la même région et de la même époque.

La star

En individuel comme par équipes, la Russie écrase la scène mondiale. En dix éditions, le pays n'a jamais laissé échapper la moindre victoire lors de « la bataille des nations ». Derrière cette domination sans partage se cache un mystérieux milliardaire du nom d'Eugène René, qui aurait fait fortune dans la finance et sponsorise à grands coups de roubles les champions de son pays.

LE CHIFFRE

30 kilos

Le poids moyen d'une armure de béhourd.

L'ANECDOTE POUR BRILLER

Pendant la guerre de Cent Ans, un paysan armé d'une hache et surnommé « le Grand Ferré » tua plus de 85 soldats anglais en une seule bataille. Encore plus chaud que la Montagne de *Game of Thrones*, c'est une véritable légende du combat médiéval qui mourut malheureusement d'une pneumonie après avoir bu de l'eau glacée.

On aurait préféré l'ignorer

En France comme ailleurs, les manifestations de ce sport viril sont désormais gangrénées par le milieu identitaire et les militants d'extrême droite.

Game of Thrones IRL

« Il s'imagina que rien ne serait plus beau pour lui, plus utile pour sa patrie, que de ressusciter la chevalerie errante en allant lui-même à cheval, armé comme les paladins, cherchant les aventures, redressant les torts, réparant les injustices. »

Cervantès,
dans *Don Quichotte*

Pourquoi c'est un sport

En plein essor, la Fédération française compte aujourd'hui près de 300 licenciés. Lors des combats, elle impose des arbitres qui savent se faire respecter, même s'ils sont sapés comme Jacquouille la Fripouille.

48

BÛCHERONNAGE SPORTIF

Haches aiguisées, tronçonneuses bien huilées et chemises à carreaux.

LES RÈGLES

Les contraintes varient selon les épreuves, mais il s'agit en général de combiner force, vitesse d'exécution et précision en utilisant des outils qui vont de la simple hache à la tronçonneuse la plus sophistiquée. On retrouve globalement trois disciplines : la première consiste à fendre en deux un rondin en se tenant au-dessus avec une hache et en frappant entre ses pieds. La seconde demande de scier le plus rapidement possible un tronc d'une largeur de 50 centimètres. La troisième implique des tronçonneuses qu'il faut manier avec précaution tout en battant des records de vitesse.

L'HISTOIRE

Certains spécialistes affirment que le bûcheronnage sportif est apparu au Pays basque dès le XVIe siècle, où il porte le nom de trontza, mais la genèse de ce sport remonte plus vraisemblablement au XIXe siècle en Australie. Selon la légende, en 1870, deux bûcherons tasmaniens nommés Jack Biggs et Joseph Smith se disputaient dans un bar de la ville d'Ulverstone. Ils auraient parié 25 pounds chacun pour savoir qui était le plus rapide pour couper un arbre. On ne connaît pas le résultat du match, mais on sait en revanche que la première compétition officielle s'est déroulée en 1891 dans la ville de Bell's Parade. Depuis, le sport est devenu très populaire dans les régions montagneuses d'Europe et en Amérique du Nord, où plusieurs universités le proposent à leur programme. Des compétitions internationales, sponsorisées par différentes marques, sont organisées depuis 1985.

L'ANECDOTE POUR BRILLER

Dans la mythologie grecque, Talos est le neveu de Dédale, célèbre architecte du labyrinthe, mais c'est surtout un jeune garçon doué d'une forte intelligence. Créateur de génie, il aurait selon les croyances de l'époque inventé la scie en s'inspirant d'une échine de poisson. Jaloux de ses talents, son oncle finit par le précipiter du haut de l'Acropole, par peur d'être surpassé.

Et biiiiiiiim !

LE CHIFFRE

15 milliards

d'arbres sont coupés chaque année dans le monde.

Ce que cela nous apprend sur l'humanité

L'inventeur de la tronçonneuse est un ingénieur allemand du nom d'Andres Stihl. Ce dernier a développé et breveté la tronçonneuse électrique en 1925, avant de créer un appareil qui fonctionnait au gasoil en 1929. La société qu'il fonde à l'époque, qui existe encore aujourd'hui, commence alors la production en masse de ces produits qui s'exportent en Russie et aux États-Unis. Ces derniers vont changer la face du monde : en effet, avant cette invention, il était difficile pour les entreprises d'abattre les arbres plus rapidement que leur repousse, ce qui assurait un certain équilibre écologique. L'Amazonie ne le remercie pas.

On aurait préféré l'ignorer

Il existe plusieurs fédérations importantes en Europe, en Australie et aux États-Unis, mais ces dernières n'ont toujours pas harmonisé leurs règlements. Elles peinent notamment à se mettre d'accord sur la mise en place des troncs et le type de bois à utiliser, ce qui n'aide pas la discipline à se médiatiser. Heureusement qu'il y a la chaîne L'Équipe TV quand même pour acheter les droits.

Pour les très gros saucissons

La star

Avec son physique dissuasif de 1,95 m pour 130 kilos, le Néo-Zélandais Jason Wynyard est la légende du bûcheronnage sportif. Passé professionnel en 1996, à l'âge de 18 ans, il a triomphé quatorze fois en trente ans aux Stihl Timbersports World Championships, la plus prestigieuse des compétitions, et remporté au total plus de 250 tournois dans sa carrière. Avec un temps canon de 9,40 secondes, il détient en outre depuis 2007 le record du « single Buck », soit la découpe à la scie d'un rondin de bois en position debout. À 45 ans, ses plus belles années sont désormais derrière lui, mais Jason se maintient encore sans souci dans l'élite mondiale, un peu comme Roger Federer au tennis.

Pourquoi c'est un sport

En 2003, en Suisse, un apprenti forestier bûcheron sur deux avait déclaré un accident du travail aux autorités. La preuve qu'il faut une sacrée technique pour manier la hache et la tronçonneuse.

Trois questions à Alexandre Meurisse, bûcheron de l'équipe de France

Racontez-nous votre parcours en dents de scie...

J'étudiais dans le lycée forestier de Crogny, dans le sud de l'Aube, dans lequel il y avait un club qui proposait ce type de sport. Au début, j'ai hésité à m'inscrire, mais comme j'ai eu tout de suite de bons résultats en compétition, j'ai été piqué. Depuis, je n'ai jamais arrêté. En parallèle, je suis devenu responsable de l'approvisionnement en bois dans une scierie de chênes. Je vais voir les parcelles à vendre, je les évalue au meilleur prix, puis ma scierie les achète ou non. Pour pratiquer ce sport, forcément, la connaissance du bois est un atout, cela permet d'adapter son matériel, de mieux affûter ses outils.

Pensez-vous que ce sport mériterait d'être plus médiatisé ?

Oui, c'est un sport spectaculaire et intéressant, il est de plus en plus médiatisé grâce à L'Équipe TV en France, mais il pourrait l'être encore plus. C'est une discipline très physique. Je m'entraîne comme un sportif de haut niveau avec une préparation cardio, de la musculation en salle pour l'explosivité et évidemment des tonnes de bois coupées. J'avale 1 500 kilomètres à vélo l'hiver et 350 de course à pied en été. Cela représente un gros volume d'entraînement hebdomadaire, environ six heures, je pense.

Votre spécialité, c'est le springboard, où la hache passe très près des pieds !

J'ai un record personnel à 53 secondes, mais le record mondial est détenu par un Canadien, avec 35 secondes. C'est l'épreuve la plus impressionnante de la discipline. Elle oblige les bûcherons à grimper en haut d'un tronc, à près de 2, 80 m de haut. Cela plaît vraiment au public. Les gens sont impressionnés. Jusqu'ici, je n'ai pas eu de blessures à déplorer, à part une grosse plaie au genou à la suite de la casse du manche de ma hache.

« C'est par l'adresse que vaut le bûcheron, bien plus que par la force. »

Homère,
poète grec de l'Antiquité

Ce que cela nous apprend sur l'humanité

49

La noyade est la troisième cause de décès accidentel dans le monde, après les accidents de la route et les chutes. En France, rien qu'au cours de l'été 2018, pas moins de 600 décès par noyades ont été enregistrés.

SAUVETAGE SPORTIF

Panique à la plage

LES RÈGLES

Le sauvetage sportif se décline en deux spécialités, le sauvetage en eau plate et le sauvetage côtier, dont les spécificités diffèrent. On retrouve d'un côté des épreuves où il faut remorquer un mannequin de 80 kilos sur des distances allant de 50 à 200 mètres, et de l'autre des activités plus classiques, comme le sprint de 90 mètres sur le sable. De manière générale, c'est un sport ludique et varié, mais aussi une activité citoyenne qui peut être pratiquée par tous et à tout âge.

L'HISTOIRE

Le sauvetage sportif est né en Australie en 1902, à Manly Beach, à une époque où la baignade dans l'océan, longtemps punie par la loi, se démocratisait. Le 18 octobre 1907 est formée l'ancêtre de la Surf Life Saving Australia, qui chapeaute aujourd'hui un championnat national très populaire : des magazines spécialisés relatent les exploits des sauveteurs et les plus grandes chaînes de télévision diffusent les compétitions. Sur le plan international, une fusion a donné lieu en 1993 à l'International Life Saving Federation, qui regroupe plus de 113 pays membres et organise des championnats du monde tous les deux ans.

LE CHIFFRE

314

clubs de *surf life saving* en Australie.

L'ANECDOTE POUR BRILLER

Dans son *Avis pour donner du secours à ceux que l'on croit noyés*, publié en 1740, Réaumur s'insurge contre la pratique qui consiste à pendre le noyé par les pieds. À la place, il préconise de le déshabiller, de le réchauffer et de le faire vomir. Jusqu'ici tout va bien, mais il insiste : il faut ensuite lui faire avaler de l'urine, insuffler de la fumée de tabac dans ses intestins, puis pratiquer une trachéotomie. De quoi réveiller un mort.

En pleine tempête, sans George Clooney

On aurait préféré l'ignorer

Rapide et économique, la noyade a longtemps été plébiscitée comme méthode d'exécution. Le cas le plus fréquemment cité est celui des noyades de Nantes, ordonnées en 1793 par Jean-Baptiste Carrier pour vider les prisons des Vendéens. Ceux-ci étaient conduits dans des barges remorquées par des barques au centre de la Loire, où ils étaient coulés. Les bourreaux achevaient à coups de sabre ceux qui cherchaient à nager.

La star

En dépit de ses nombreux naufrages sur le plan sentimental, Pamela Anderson, star d'*Alerte à Malibu*, reste l'icône immortelle de la discipline.

« L'espoir est au combattant de la liberté ce que la bouée de sauvetage est au nageur : la garantie qu'il ne se noiera pas, qu'il restera à l'abri du danger. »

Nelson Mandela,
homme politique sud-africain

Pourquoi c'est un sport

En 2003, les 24 968 sauveteurs australiens ont pratiqué 9 044 opérations de sauvetage, fourni des premiers secours à 26 739 patients et réalisé 171 965 actions préventives. En plus de faire bronzette.

50

Pourquoi c'est un sport

Il est possible d'utiliser son adversaire comme tremplin au moment du « mark », ce qui occasionne des chocs assez violents et spectaculaires lors des réceptions aériennes.

Une fierté nationale

LES RÈGLES

Divisé en quatre quarts-temps de 20 minutes, un match oppose deux équipes de dix-huit joueurs sur un immense terrain de cricket. Le but ? Faire passer le ballon ovale entre les quatre poteaux dressés de chaque côté : si le ballon passe entre les perches centrales, c'est un « goal » qui vaut six points, sinon c'est un « behind » qui vaut un point. Cela ressemble donc au rugby, sauf qu'il faut faire rebondir la balle tous les quinze mètres, qu'il n'y a pas de hors-jeu et que les passes en avant sont autorisées.

L'HISTOIRE

Le football australien a été inventé en 1857 par Tom Mills, de retour au pays après des études en Angleterre à l'école de rugby, mais il faut attendre la naissance de la Victorian Football Association, le 17 mai 1877, pour que le jeu se popularise. Aujourd'hui, ce dernier compte plus de 650 000 licenciés, ce qui en fait de très loin le sport numéro 1 en Australie. Seule compétition professionnelle au monde, la Ligue nationale regroupe 18 équipes et la grande finale se déroule chaque année au Melbourne Cricket Ground devant 100 000 spectateurs déchaînés. Créée en 1985, la Fédération internationale tente de développer ce sport à l'étranger, sans trop de succès pour l'instant.

LE CHIFFRE

6,5 millions

de téléspectateurs ont regardé la finale de l'AFL en 2016.

On aurait préféré l'ignorer

Star aborigène, Adam Goodes a mis fin à sa carrière en 2015 après avoir été régulièrement l'objet de huées racistes dans les stades.

La star

Fils d'un joueur reconnu mort pendant la Seconde Guerre mondiale, Ronald Barassi Jr remporta pas moins de six titres de champion dans sa carrière, avant de devenir un coach à succès. Sa longévité, sa flamboyance et son influence sur le jeu – dont il bouleversa plusieurs règles – en ont fait le premier joueur inscrit au Hall of Fame du football australien en 1996.

« Bien sûr, il y a eu des blessures et des morts dans l'histoire du football australien, mais rien de très sérieux. »

Adrian Anderson,
ancien manager général de l'AFL

L'ANECDOTE POUR BRILLER

Le football australien est un symbole national. Mais ses origines britanniques dérangent. De fait, les Australiens se donnent beaucoup de mal pour faire croire qu'il est dérivé du football gaélique ou des tribus aborigènes que côtoyait Tom Mills dans sa jeunesse.

Ce que cela nous apprend sur l'humanité

Pendant la Première Guerre mondiale, certains des meilleurs joueurs périrent au combat, laissant leurs clubs exsangues. Mais ce fut en parallèle une occasion inespérée pour les femmes de s'affirmer et de disputer leurs premières compétitions. Comme quoi, le malheur des uns fait le bonheur des autres.

MOB

POUR LES AGILES

VITESSE, TECHNIQUE ET HABILETÉ

Dans ce chapitre, on s'intéresse aux rois de l'esquive, aux reines de l'équilibre et plus généralement aux acrobates en tout genre. Ces pages sont dédiées à ceux qui aiment marcher sur un fil, courir avec des talons hauts ou dunker à l'aide de trampolines. Un univers en mouvement où les limites du corps humain sont sans cesses explorées et repoussées, cheveux au vent.

51

Pourquoi c'est un sport

Parce que la vitesse et l'agilité des doigts des concurrentes sont juste incroyables, tout comme leur esprit de compétition.

Tricot de vitesse

Une maille à l'endroit, une maille à l'envers

Bon choix de couleur pour le pull

LES RÈGLES

Il s'agit de réaliser le plus de points possible sur des rangs de 60 mailles en trois minutes chrono.

L'HISTOIRE

Répandue dans le monde islamique au cours du xe siècle, la technique est introduite en Europe par les croisades et la conquête musulmane de la péninsule Ibérique. Ce n'est que depuis quelques années que la discipline fait l'objet de compétitions acharnées un peu partout dans le monde. En France, le concours le plus important est celui du salon de l'Aiguille en fête, qui en est à sa seizième édition.

LE CHIFFRE

7

Le nombre de titres de la Costarmoricaine Catherine Bouënard en championnat de France.

La star

Avec 298 mailles en trois minutes, le record du monde est détenu par la Néerlandaise Miriam Tegels. Son secret ? Éviter au maximum les mouvements superflus.

« Lors du tournage d'*Une fiancée pas comme les autres*, je me suis retrouvé dans une salle remplie de vieilles dames qui tricotaient. La scène durait toute la journée, alors elles m'ont montré comment faire. Ce fut l'un des jours les plus relaxants de ma vie. »

Ryan Gosling,
acteur américain

Ce que cela nous apprend sur l'humanité

Le tricot est une activité sociale en plein essor et ses pratiquants prennent la discipline très au sérieux. Grâce à l'apparition de nombreux clubs, le nombre de personnes entre 25 et 35 ans qui tricotent aux États-Unis a augmenté de 150 % entre 2002 et 2004.

Pendant la Préhistoire, les hommes mâchouillaient déjà de la sève de conifère pour ses propriétés antiseptiques.

BUBBLE GUM BLOWING

Plus c'est gros, plus c'est bon

LES RÈGLES

Le but est de créer la plus grosse bulle possible, peu importe la technique et la quantité de gomme mâchée. Cependant, les écoles diffèrent quant à la possibilité ou non de vous aider de vos mains. Apparemment, il y a aussi des athlètes qui préfèrent souffler des bulles par le nez, de vrais artistes.

L'HISTOIRE

Le bubble-gum a été inventé par un certain Walter Diemer, qui travaillait pour la Fleer Chewing Gum Company. Comptable de métier, Diemer aimait expérimenter des recettes pendant son temps libre. Un jour, il tomba par accident sur une formule de gomme moins collante et plus extensible, qu'il décida de colorer en rose. Commercialisée sous le nom de Dubble Bubble, sa trouvaille connaît depuis 1926 un succès jamais démenti.

La star

Sans les mains, c'est l'Américain Chad Fell qui *rule the world* avec une bulle de 50,8 cm de diamètre réalisée en 2004. Avec les mains, c'est Susan Montgomery Williams, une Californienne surnommée « Chewsy Suzy », qui a cassé le *game* en 1994 en atteignant 58,42 cm.

Pourquoi c'est un sport

Comptez une heure pour enlever la gomme qui restera dans vos sourcils une fois la bulle éclatée.

On aurait préféré l'ignorer

En raison de la présence d'un édulcorant particulier, le sorbitol, les chewing-gums sans sucre ont des effets laxatifs.

« Nous ne serons jamais un pays civilisé aussi longtemps que nous dépenserons moins d'argent pour les livres que pour les chewing-gum. »

Elbert Hubbard,
philosophe américain

LE CHIFFRE

0

Le nombre de chewing-gum que vous trouverez à Singapour, qui interdit leur importation depuis 1992.

53

HURLING

Entre violence pure et rapidité éclair

LES RÈGLES

Sport gaélique par excellence, le hurling voit deux équipes de quinze joueurs s'affronter sur un terrain mesurant 140 mètres de long pour 80 mètres de large, pendant deux mi-temps de 35 minutes. Il se joue avec une crosse appelée « hurley ». On l'utilise pour se passer une balle en cuir nommée « sliotar », qu'il faut parvenir à catapulter dans les buts adverses. Il est interdit de faire plus de quatre pas avec le sliotar, à moins de le tenir en équilibre sur la crosse. Dépassant parfois les 110 km/h, les passes se font le plus souvent en utilisant la crosse, mais on peut aussi passer la balle à la main ou lui donner un coup de pied. Il n'y a pas de hors-jeu, ce qui produit des matchs haletants et sans temps morts.

L'HISTOIRE

Protégé par l'Unesco, le hurling est le plus vieux jeu sur terrain d'Europe. Importé en Irlande par les peuples celtes, on pense qu'il est apparu sur l'île avant le christianisme. La plus ancienne mention écrite de ce sport date du Vᵉ siècle : il est alors pratiqué par des équipes de villages voisins. Ces jeux impliquaient plusieurs centaines de joueurs et pouvaient durer plusieurs jours. Après être avoir été interdit, le jeu est remis au goût du jour au XVIIIᵉ siècle par la gentry anglo-normande, qui crée des équipes afin d'amuser les ouvriers agricoles. Aujourd'hui, le hurling est le troisième sport le plus pratiqué dans le pays, qui se passionne pour deux compétitions amateurs : le championnat et la ligue.

L'ANECDOTE POUR BRILLER

Star de la mythologie celtique, le puissant Cuchulainn allie force physique, pouvoirs magiques et soutiens divins. Son plus bel exploit est décrit dans un conte du XIᵉ siècle intitulé *Táin Bó Cuailgne* : il aurait battu à lui seul 150 opposants dans une même partie de hurling à Emain Macha.

Ce que cela nous apprend sur l'humanité

Au début du XXᵉ siècle, les nationalistes irlandais jouaient régulièrement au hurling avec des fusils qu'ils tenaient par le canon en guise de crosse pour tromper la vigilance des soldats anglais. Un stratagème qui a bien fonctionné !

« Plusieurs crosses cassées, deux gueules détruites et trois doigts meurtris, voici le bilan de la partie de l'après-midi. Car le hurling, jeu national irlandais, est probablement le sport le plus rapide et le plus dangereux du monde. C'est une combinaison de hockey, de football, de golf, de baseball, de bataille et de mort subite. Bref, c'était un vrai jeu irlandais. »

Le *Daily Mail*,
à propos d'un match organisé à Londres en 1921

LE CHIFFRE
100 000
licenciés en Irlande.

La star

Avec pas moins de 10 titres All-Ireland et 13 titres du Leinster de 1999 à 2014, Henry Shefflin est le roi incontesté du palmarès. Sur le plan personnel, il a été nommé Hurleur de l'année à trois reprises et demeure le meilleur buteur de tous les temps en lancer avec un total de 27-484 (565) en 71 matchs de championnat.

On aurait préféré l'ignorer
Des dizaines de joueurs de hurling ont été victimes de mort subite ou d'arrêt cardiaque en plein match ces dernières années.

Pourquoi c'est un sport
La brutalité du jeu a provoqué son interdiction du XVIe au XVIIIe siècle. Afin de limiter les dégâts, seuls les chocs épaule contre épaule sont désormais autorisés.

DODGEBALL

L'art de l'esquive

LES RÈGLES

Deux équipes de six joueurs s'affrontent sur un terrain de 16 mètres de long par 8 mètres de large. Il y a deux mi-temps de 15 minutes, divisées en manches de trois minutes. L'objectif est d'éliminer le maximum de joueurs adverses, en les touchant ou en réceptionnant leurs lancers sans qu'ils ne touchent le sol, à l'aide de trois balles mises en jeu simultanément. L'équipe comptant le plus de joueurs sur le terrain à la fin d'une manche la remporte.

L'HISTOIRE

Dérivé de la balle au prisonnier, célèbre jeu des cours de récréation dont les règles furent codifiées par l'Américain Phillip Ferguson en 1905, le dodgeball s'est structuré en tant que discipline sportive dans les pays anglo-saxons au cours des années 2000, avant de se doter d'une fédération européenne, où une vingtaine de nations sont désormais affiliées. En 2015, une fédération internationale a vu le jour et organise chaque année les championnats du monde à Las Vegas. À l'heure actuelle, le dodgeball est l'un des sports ayant le plus fort taux de développement dans le monde.

LE CHIFFRE

5 millions
de pratiquants
dans le monde en 2015.

La star

Héros du film éponyme sorti en 2004, Vince Vaughn et Ben Stiller ont contribué à la renaissance instantanée du dodgeball au plus haut niveau. À la suite du succès de cette comédie potache, une ligue nationale a vu le jour aux États-Unis.

Ce que cela nous apprend sur l'humanité

Un jeu similaire existait il y a plus de 200 ans dans les sociétés tribales africaines observées par le missionnaire anglais James H. Carlisle. Très violente, la pratique impliquait de se jeter des pierres tranchantes, ou de la matière putréfiée, dans le but de tuer ou d'infecter ses adversaires. Il l'importa en Angleterre en remplaçant toutefois les pierres par un ballon.

Que des gros bras

On aurait préféré l'ignorer
Accusé de flatter l'instinct guerrier des plus jeunes, le dodgeball a été banni de plusieurs écoles du Maine, du Maryland, de Virginie et du Texas et plusieurs associations ont porté plainte au tribunal de New York pour interdire sa pratique dans les écoles. Quelle époque quand même...

« Tu toucherais pas l'eau si on te faisait tomber d'un bateau. »

Patches O'Houlihan,
à Gordon dans le film *Dodgeball ! Même pas mal !* (2004)

L'ANECDOTE POUR BRILLER
Sur le tournage du film, Ben Stiller a cassé trois caméras et mis un headshot à son épouse Christine Taylor.

Pourquoi c'est un sport
La Fédération internationale espère intégrer le dodgeball au programme des JO en 2034.

55

PELOTA P'URHÉPECHA

Le hockey mexicain

LES RÈGLES

Le plus souvent pratiquée dans les rues de manière sauvage, la pelota p'urhépecha oppose théoriquement deux équipes de cinq joueurs, sur un terrain rectangulaire de 8 mètres de large et de 200 mètres de long. Les règles sont sensiblement les mêmes qu'au hockey : à l'aide d'un uarhukua – une sorte de bâton qui fait environ une mètre –, il s'agit de se passer une balle de 250 grammes nommée « zapandukua » pour lui faire traverser la ligne de but adverse.

L'HISTOIRE

Pratiquée par le peuple tarasque, la pelota p'urhépecha est un sport préhispanique aujourd'hui menacé d'extinction, dont les premières traces remontent à environ 3500 ans dans l'État actuel du Michoacán. Dans la langue locale, il est appelé « uárukua ch'anakua », ce qui signifie « un jeu avec des bâtons ». Afin de le faire revivre, plusieurs tournois régionaux sont organisés chaque année et il arrive parfois que des équipes universitaires issues d'autres provinces mexicaines y participent.

On aurait préféré l'ignorer

Malgré sa pauvreté extrême, l'État du Michoacán possède un climat tempéré propice à la culture de l'avocat, dont il fournit le quart de la production mondiale. Mais cette richesse profite d'abord aux cartels de drogue de la région.

Ce que cela nous apprend sur l'humanité

Le royaume tarasque entretenait des rapports conflictuels avec l'Empire aztèque. De fait, les Tarasques ont longtemps dû fortifier et surveiller leurs frontières. Ce relatif isolement explique les traits culturels uniques de ce puissant royaume, comme l'usage du métal pour les outils ou la pratique de la pelota p'urhépecha.

LE CHIFFRE
800
joueurs licenciés au Mexique.

La star

À défaut d'être une célébrité, José Antonio Moreno est l'un des meilleurs joueurs du championnat.

L'ANECDOTE POUR BRILLER

À l'origine, les Tarasques fabriquaient les zapandukua en tissant les cocons de centaines de monarques, de grands papillons qui migrent par millions deux fois par an. Cependant, pour protéger cette espèce menacée par la déforestation, on utilise aujourd'hui des fibres naturelles.

« Nous, les Espagnols, savent une maladie du cœur que l'or seul peut guérir. »

Hernan Cortès,
conquistador espagnol

Pourquoi c'est un sport

Une des variantes les plus populaires de ce jeu consiste à enflammer la balle et à jouer de nuit. Cette tradition spectaculaire prend sa source dans la mythologie tarasque, où s'opère une bataille entre le jour et la nuit. La balle enflammée représente le soleil et les joueurs qui l'entourent symbolisent les mouvements de l'Univers.

56

CHASE TAG

Arrête-moi si tu peux

LES RÈGLES

Le chase tag se compose d'un chat et une souris. Une seule règle : ne pas se faire attraper. Dans un espace clos rempli d'obstacles, qui ressemble à une aire de jeux pour adultes, le poursuiveur dispose de vingt secondes pour toucher son adversaire au son du buzzer. S'il réussit, il reste sur le terrain et devient la cible. En cas d'échec, il est remplacé par un autre poursuiveur. Si la souris quitte les limites du terrain, c'est considéré comme une touche. En revanche, si elle parvient à esquiver à base de glissades et de saltos, elle rapporte un point à son équipe.

L'HISTOIRE

Si le jeu du chat et de la souris est millénaire, le chase tag a été créé en 2009 par Christian Devaux, un Anglais au nom français. L'idée nouvelle d'introduire une limite de temps lui est venue alors qu'il jouait avec son fils dans son jardin. « Il voulait savoir lequel de nous deux était le plus fort au jeu du chat. On a aussi décidé de mettre des obstacles, on a utilisé une poubelle, des chaises, un banc, tout un tas de trucs. Il y avait de plus en plus d'obstacles de plus en plus difficiles à franchir… » détaille l'inventeur, qui espère désormais « réinstaller ce jeu à la place qu'il mérite en tant que sport le plus populaire de la planète ». De plus en plus pratiquée outre-Manche, cette discipline au potentiel très spectaculaire commence à percer un peu partout dans le monde, notamment en Inde, au Japon, aux États-Unis, en Allemagne et en France, et fait de nombreux adeptes dans le milieu du parkour, ces parcours du combattant en milieu urbain.

Tom et Jerry IRL

Pourquoi c'est un sport

Parce que Sébastien Foucan a fait une course-poursuite avec James Bond dans la scène d'entrée du film *Casino Royale*.

Chat perché

L'ANECDOTE POUR BRILLER

Dans le célèbre dessin animé *Tom et Jerry*, créé en 1940, les prénoms des deux protagonistes sont directement inspirés des combattants allemands et anglais qui se livrèrent une bataille farouche sur terre comme sur mer pendant la Seconde Guerre mondiale. En effet, le prénom Jerry est le singulier de Jerries, un sobriquet employé par les soldats américains pour désigner l'ennemi allemand. Le prénom Tom fait quant à lui référence aux soldats anglais, communément appelés Tommies.

« Le chat qui chasse deux souris à la fois n'en prend aucune. »

Proverbe français

Trois questions à Sébastien Foucan, précurseur du parkour et athlète de chase tag

Vous étiez déjà très bon au chat et à la souris dans la cour de récré ?

Je ne sais pas si j'étais bon, mais j'adorais ça ! À l'origine, tout ce que nous avons créé est inspiré par le jeu de la cour de récré.

Est-ce que le plus vieux jeu du monde peut devenir le sport le plus populaire du monde ?

Difficile de faire plus populaire que le football ! Mais le chase tag est vraiment facile, tout le monde peut y jouer, ça ne nécessite aucun équipement. Les liens avec le parkour sont évidents. Les qualités requises sont la vitesse, l'explosivité, l'agilité et, surtout, la capacité d'analyse, puisqu'il faut faire des choix devant certaines situations soudaines et toujours anticiper.

Avec tous ces obstacles, les blessures sont-elles fréquentes ?

Dans tous les sports de haut niveau, les blessures sont présentes. On ne peut jamais totalement les éviter, mais leur nombre est réduit vu le bon niveau des pratiquants et leur habilité en parkour. Les athlètes connaissent très bien leurs corps et savent effacer les différents obstacles, même à grande vitesse.

On aurait préféré l'ignorer
Christian Devaux a perdu la partie contre son fils.

La star

La discipline est actuellement dominée par le freerunner anglais Joseph Henderson, champion du monde de parkour en 2016. Âgé de 21 ans, ce jeune inconscient est mondialement connu pour ses sauts qui trompent la mort et pour sa rapidité digne de l'éclair. Sa devise ? « *Catch me if you can.* »

LES CHIFFRES

16 chasses par match.

4 athlètes dans chaque équipe.

Mediapart poursuivant François de Rugy

Ce que cela nous apprend sur l'humanité

Les souris n'auraient plus peur des chats. C'est la conclusion incroyable à laquelle sont parvenus il y a trois ans des chercheurs de l'Institut de l'écologie et de l'évolution de Moscou. En effet, les rongeurs ont longtemps eu l'habitude de fuir dès qu'ils sentaient l'urine de leurs ennemis de toujours. Cette dernière contient un acide aminé (la félinine) qui donne au pipi de chat une odeur bien caractéristique, facilement reconnaissable par les souris. Dès qu'elles le sentaient, leurs récepteurs se mettaient à sécréter des hormones de stress en grande quantité, au point de pouvoir faire subir une fausse couche à une souris enceinte. Mais tout cela, c'est du passé : au fil des ans, les souris se seraient acclimatées à cette odeur, et n'auraient plus le réflexe de fuir à toutes enjambées. « Cette habitude est certainement utile pour la souris, ont commenté les chercheurs. Elles ont besoin de vivre autour des humains et de la nourriture. Là où on trouve aussi les chats. »

57

Pourquoi c'est un sport

La vitesse est à l'escalade ce que le sprint est à l'athlétisme.

ESCALADE DE VITESSE

Les araignées humaines

LES RÈGLES

Il s'agit de grimper le plus vite possible un mur vertical de 15 mètres de haut, soit la hauteur d'un immeuble de cinq étages. Les épreuves se déroulent en duel sur deux voies identiques parallèles et permettent ainsi aux grimpeurs de se mesurer et d'établir des records. Le départ est donné par un signal sonore et le chrono s'arrête une fois que le grimpeur appuie sur un bouton situé au sommet du mur.

L'HISTOIRE

Avec le bloc et la difficulté, l'escalade de vitesse est l'une des trois disciplines des compétitions d'escalade de la Fédération internationale et fait désormais partie de sports olympiques. Elle peut se pratiquer en extérieur sur une falaise, mais les compétitions se déroulent le plus souvent sur un mur homologué.

On aurait préféré l'ignorer

En France, l'escalade a longtemps souffert d'un certain mépris de classe de la part des alpinistes avant de trouver sa voie au cours des années 1980 grâce à la médiatisation de Patrick Edlinger.

« Si vous n'avez pas de montagne à disposition, construisez-en une puis grimpez-la. Et après l'avoir escaladée, construisez-en une autre ; sinon, vous commencerez à stagner. »

Sylvester Stallone,
acteur américain

La star

En escalade, les records de vitesse sont souvent battus à quelques centièmes. En retirer 22 d'un coup au record du monde, voici la prouesse réalisée par Yi Ling Song, lors de la Coupe du monde 2019 à Chongqing. Âgée de 18 ans, la Chinoise est parvenue au sommet en 7,10 secondes, ce qui annonce un règne aussi long qu'impressionnant.

LE CHIFFRE

5,48 secondes

Le record mondial établi le 30 avril 2017 par l'Iranien Reza Alipourshenazandifar (en plus du record du nom le plus balèze du monde, bien entendu).

Ce que cela nous apprend sur l'humanité

Qu'on n'est pas aussi dépendants des ascenseurs qu'on le croit.

Ce que cela nous apprend sur l'humanité

Que l'on est quand même sacrément raffiné, puisqu'il y a plus de mille façons de les cuisiner.

58

OUVERTURE D'HUÎTRES

Attention à vos doigts !

On aurait préféré l'ignorer

Les maladroits peuvent placer les huîtres une minute au four à micro-ondes. Chaudes, elles seront alors plus faciles à ouvrir, probablement moins bonnes aussi, mais bon, ce n'est pas la question.

LES RÈGLES

Lors du concours, les huit finalistes régionaux doivent réaliser le plus beau plateau de fruits de mer dans un temps imparti de 20 minutes.

L'HISTOIRE

Nous venons de fêter la 18e édition des championnats de France, qui sont organisés chaque année lors de divers salons pour promouvoir les savoir-faire artisanaux.

« L'huître, de la grosseur d'un galet moyen, est d'une apparence plus rugueuse, d'une couleur moins unie, brillamment blanchâtre. C'est un monde opiniâtrement clos. Pourtant on peut l'ouvrir : il faut alors la tenir au creux d'un torchon, se servir d'un couteau ébréché et peu franc, s'y reprendre à plusieurs fois. Les doigts curieux s'y coupent, s'y cassent les ongles : c'est un travail grossier. »

Francis Ponge,
poète français
dans *Le Parti pris des choses* (1942)

La star

Avec 37 huîtres ouvertes en une minute, l'écailler Bernard Gonthier est recordman du monde de la spécialité. Pratique à Noël, le Bernard.

LE CHIFFRE

2 kilos

par an et par habitant dans le bide des Français. Sachant que tout le monde n'aime pas ça, cela veut dire qu'il y en a qui se font vraiment plaiz (Gérard Depardieu, on te voit).

Pourquoi c'est un sport

Jugez un peu la technique de Bernard : « Il faut un couteau simple, pointu, avec une lame rigide. Le pouce est placé près du bout de la lame. On tient le pied vers soi. On introduit la lame entre les deux coquilles, au niveau du muscle situé au deuxième tiers de l'huître. Il se sectionne facilement. Si on est droitier, seule la main gauche doit bouger. »

TABASCO
SINCE 1868
Canon

59

TRAÎNEAU À CHIENS

Froid polaire, sélection génétique et bave aux lèvres.

On aurait préféré l'ignorer
Les championnats du monde sont sponsorisés par Royal Canin. Logique cela dit.

LES RÈGLES

Bon, sans surprise, il s'agit de courses de chiens qui tractent des traîneaux sur lesquels sont installés des mushers, parfaite incarnation de la coopération entre l'homme et la bête. Les distances de course peuvent varier entre quelques dizaines et plusieurs centaines de kilomètres. Les canidés sont entraînés comme de véritables athlètes entre massages et soins spéciaux. Les attelages les plus rapides dépassent sans problème les 30 km/h de moyenne, c'est-à-dire beaucoup plus rapidement qu'Usain Bolt en *moon boots*, mais un peu moins rapide que Gérard Depardieu qui va goûter le vin chaud du restaurant d'altitude.

L'HISTOIRE

Des indices datés de 6 000 av. J.-C. semblent indiquer que le chien est utilisé dans les attelages depuis la nuit des temps. Néanmoins, la pratique s'est développée durant le premier millénaire avant Jésus-Christ, principalement dans la culture inuite.

Il faudra attendre aux alentours de l'an 1000 pour voir l'utilisation du chien de trait débarquer en Europe. Des voitures emmenées par des canidés circulaient encore à Paris au XVIIIe siècle avant d'être prohibées. Selon les archives, la première compétition officielle de chiens de traîneaux a eu lieu en 1908 en Alaska, lors de la ruée vers l'or américaine : la course de plus de 663 kilomètres a été réglée en 119 heures. Depuis, la conduite de chiens de traîneau est devenue un sport populaire en Amérique du Nord, mais aussi en Europe, en particulier en Norvège, où de nombreuses courses sont régulièrement organisées.

LES CHIFFRES

Des derniers championnats du monde à Bessans (France)

415
attelages

286
athlètes humains

1561
athlètes canins

Plus de **25**
nations représentées

L'ANECDOTE POUR BRILLER

Hiver 1925. Une terrible épidémie de diphtérie frappe la petite ville de Nome, perdue en plein milieu de l'Alaska. Tandis que les autorités tentent de ravitailler la ville en sérum, les avions ou les bateaux se retrouvent bloqués à cause de la glace et du blizzard. Tandis que l'heure tourne, une équipe de mushers est finalement envoyée au milieu de la tempête, avec succès. Depuis, chaque année, la course de traîneaux Iditarod commémore cet exploit (c'est l'histoire de *Balto*, regardez-le à l'occase, c'est l'enfant en moi qui vous le recommande chaudement).

C'est ce qu'on appelle avoir la langue bien pendue

Pourquoi c'est un sport

Même si on peut considérer le musher comme une grosse feignasse, c'est super physique de diriger un attelage. Allez en parler à mon gars Nicolas Vanier.

Tout le monde a l'air ravi, sauf Bernard, qui galère derrrière

« Parfois, le regarder dans les yeux était comme de regarder un être humain, et ce que je voyais me terrifiait. Je vous le dis, je percevais quelque chose de grand dans le regard de ce monstre ; il y avait là un message, mais je n'étais pas assez grand moi-même pour le comprendre… Malgré tout, je ressentais comme une parenté. Pas une parenté sentimentale, bien sûr. Plutôt un sentiment d'égalité. »

Jack London,
Croc-Blanc (1906)

Ce que cela nous apprend sur l'humanité
Il fait vraiment un temps de chien en Norvège. PAF ! Un de plus !

Trois questions à Jason Fournier, champion du monde de moyenne distance en 2018

Racontez-nous votre titre mondial en 2018 !

C'est une grande fierté, cela faisait des années qu'on y travaillait avec mon père, qui s'implique depuis trente-cinq ans. Depuis 2015, on se rapprochait chaque fois un peu plus. À force, ça a fini par payer. Il y a le sprint, la moyenne distance et la longue distance. Moi, je suis spécialisé dans la moyenne distance. J'étais quadruple champion de France, mais devenir champion du monde, c'est un exploit car normalement, les Suédois, les Norvégiens et les Polonais sont quasiment imbattables. D'ailleurs, cette année, j'ai perdu mon titre aux championnats du monde au profit du Norvégien Frank Janssens, une légende de la discipline.

Quel est le rôle du musher ?

Il accompagne les chiens. On galope à leurs côtés, on pédale avec eux sur le plat, comme si on était sur une trottinette, pour alléger le traîneau qui est chargé avec du matériel obligatoire. Vous ne verrez jamais un musher qui ne fait rien, car, maintenant, les compétitions sont chronométrées et se jouent à la seconde. Par exemple, la course du Lekkarod, que je fais tous les ans, est une course de onze étapes qui fait 360 kilomètres en tout. Une fois, je l'ai perdue pour seulement deux minutes ! Vous vous rendez compte ?

Pour gagner en vitesse, les chiens sont rigoureusement sélectionnés...

Il se passe la même chose que dans le monde équestre. On croise les lignées pour éviter la consanguinité, et après on cherche à créer des chiens qui vont être particulièrement puissants, endurants ou rapides. Chez nous, ils naissent tous à la maison, et on les élève tout doucement, l'un après l'autre. Chaque chien a sa position, qu'il va garder pendant une dizaine d'années. Il y a le chien de tête qui est devant et le plus costaud qui va derrière. Au milieu, les rapides qui tiennent la cadence. On les entraîne de septembre à janvier. Ils font 40 kilomètres par jour, quatre fois par semaine, à une moyenne de 22 km/h. Mais on les laisse en vacances l'été !

La star

Les gens qui ont grandi dans les années 1990 diront *Balto : Chien-loup, héros des neiges*. En plus de leur capacité à tracter une quarantaine de kilos chacun, on attend des chiens de traîneau deux qualités essentielles : l'endurance et la vitesse. Quitte à procéder à un certain eugénisme. Les ossements des premiers chiens d'attelage laissent penser qu'ils n'avaient pas de caractéristiques physiques particulières, mais le besoin d'endurance et de force allant croissant, il existe une forte tendance à réaliser des hybridations avec le loup. Les races les plus recherchées sont le malamute de l'Alaska, le groenlandais, le husky sibérien ou le samoyède.

60

ROLLER ARTISTIQUE

On aurait préféré l'ignorer
Dans les années 1990, Philippe Candeloro s'entraînait souvent avec des rollers inline.

Quand on n'aime pas la glace

LES RÈGLES

Ce sont les mêmes que le patinage artistique, sauf qu'on évolue avec des patins à roulettes. Depuis 2002, on peut aussi utiliser des rollers aux championnats du monde. Les participants réalisent des séries d'acrobaties sous l'œil avisé du jury, qui note les trajectoires, les sauts et les réceptions ainsi que l'harmonie et l'originalité de la chorégraphie, qui peut être réalisée seul, en couple ou en groupe.

L'HISTOIRE

À la différence du patinage artistique sur glace, reconnu par les JO dès 1908, le roller artistique a dû souffrir pour imposer sa légitimité. La discipline a d'abord été incarnée par des stars de cabaret, comme Nellie Donegan et Earle Reynolds, dont le duo a électrisé Broadway dans l'entre-deux-guerres. Depuis 1947, des championnats du monde sont organisés, et annuellement depuis 1970.

Ce que cela nous apprend sur l'humanité

Pratiquement imbattables depuis le début des années 2000, les Italiens collectionnent les honneurs aux championnats du monde, forts de leur penchant pour les regards de braise, les musiques romantiques et les cheveux gominés, forcément.

Roule avec les stars

LE CHIFFRE

2008

La date de création de l'École française de patinage artistique.

La star

Quadruple champion du monde à seulement 24 ans, l'Italien Luca Lucaroni est surnommé « le Messi artistique » par la World Skate. Avec sa compatriote Rebecca Tarlazzi, il a fait le doublé en remportant le titre en couple à quatre reprises, mais a toujours refusé de passer sur la glace malgré son potentiel.

L'ANECDOTE POUR BRILLER

D'après Médiamétrie, le patinage artistique est le seul sport à être davantage regardé par les femmes que par les hommes.

« Un homme apprend à patiner en titubant et en ayant l'air imbécile. En effet, l'homme progresse en toutes choses en se ridiculisant. »

George Bernard Shaw,
dramaturge irlandais

Pourquoi c'est un sport

Parce que c'est une discipline à spécialisation précoce qui demande une excellente agilité et une coordination de tout le corps.

ULAMA

My hips don't lie

LES RÈGLES

Deux équipes s'affrontent sur un terrain scindé par une ligne centrale et délimité par des murs inclinés d'une dizaine de mètres de haut. Comme au volley, le but est de renvoyer la balle dans le camp adverse, sauf qu'ici il ne faut utiliser ni les mains ni les pieds ! Ce qui demande pas mal de dextérité au niveau des hanches et pas mal de courage, sachant que la balle pèse plus de 3 kilos ! L'équipe qui ne renvoie pas la balle perd un point tandis que l'équipe adverse en gagne un. La partie s'achève lorsque le nombre de points déterminé à l'avance est atteint. La partie peut également s'arrêter lorsqu'un joueur réalise l'exploit, excessivement rare, de faire passer la balle dans l'anneau latéral correspondant à son camp.

L'HISTOIRE

Le jeu de balle, nommé *pok-ta-pok* en maya, est un sport rituel qui a été pratiqué pendant plus de 3 000 ans par les peuples de la Mésoamérique précolombienne, et qui survit encore aujourd'hui au Mexique, au Honduras, au Belize, au Guatemala et au Salvador. Extrêmement populaire, sa pratique a été stoppée nette par la conquête espagnole au XVIe siècle, mais le sport tente actuellement de renaître sous l'égide de la Fédération mexicaine de jeux et sports autochtones et traditionnels.

Shakiro

Ce que cela nous apprend sur l'humanité

La raison d'être ultime de ce jeu était de servir de rituel lors des cérémonies religieuses, afin de révéler la volonté des dieux. Cela permettait de trancher les conflits politiques tout en donnant des indices divinatoires aux prêtres, qui suivaient le jeu avec attention pour en déchiffrer les signes.

« Une grande idée a besoin de sacrifices. »

Pavlo Tytchyna,
poète ukrainien

L'ANECDOTE POUR BRILLER
L'empereur aztèque Moctezuma II exigeait des cités de la côte du golfe du Mexique le paiement d'un tribut annuel de 16 000 balles… de caoutchouc, une matière sacrée chez les Mayas.

Whenever, wherever

La star

Texte sacré des Mayas, le *Popol-Vuh* met à l'honneur les jumeaux Hunahpú et Xbalanqué, qui descendent dans le Monde inférieur pour jouer à la balle avec les seigneurs des ténèbres, afin de venger leur père et leur oncle. Vainqueurs grâce à la ruse de Xbalanqué, ils parviennent à ressusciter leurs proches et montent alors au Ciel pour devenir le Soleil et la Lune. Si ça, c'est pas des vrais reustas ?!

On aurait préféré l'ignorer
Avant d'être décapitées, les victimes étaient torturées, battues, puis brûlées. Certains historiens assurent que les crânes servaient ensuite de balles dans certaines cités un peu rustres.

LE CHIFFRE
13
Le nombre de terrains que l'on a recensé dans la cité maya de Chichén Itzá.

Pourquoi c'est un sport

Riches en sacrifices rituels, les cérémonies se terminaient systématiquement par la décapitation de l'équipe perdante, ce qui booste pas mal l'envie de gagner quand même. Les têtes tranchées étaient ensuite exposées sur l'autel des crânes.

62

Pourquoi c'est un sport

Il n'est pas rare, pour ne pas dire courant, que la monture détrône son cavalier une fois sa vitesse de croisière atteinte. Un peu comme au rodéo.

On aurait préféré l'ignorer

L'autruche est le seul oiseau à avoir seulement deux orteils. C'est ce qui lui permet d'aller aussi vite.

COURSE D'AUTRUCHES

Hâte de de voir ça à Longchamp !

LES RÈGLES

Comme pour les chevaux, le départ est donné depuis les stalles, où les jockeys, qui pèsent au maximum 75 kilos, s'installent. Ici, pas de selles ni de rênes ou de casques, seulement un petit coussin pour s'asseoir. Il convient donc de s'accrocher aux ailes de l'animal et de rester le plus en arrière possible afin de trouver l'équilibre sur le dos de l'oiseau, qui peut avaler près de 16 mètres en une seule foulée. Dans certaines courses, il est possible de voir des autruches tracter des chariots.

L'HISTOIRE

Populaires dès le début du XXe siècle, les courses d'autruches sont monnaie courante en Afrique du Sud, mais aussi aux États-Unis, notamment en Floride, dans le Nevada, le Kentucky et le Minnesota. Le festival le plus connu est le Chandler Ostrich Festival, en Arizona, qui fête cette année ses trente et un ans d'existence, et qui peut attirer le temps d'un week-end plus de 100 000 visiteurs.

La star

En Égypte, les archéologues ont découvert une statue datant du IIIe siècle av. J.-C. représentant la reine Arsinoe II en train de chevaucher une autruche. Une espèce de Daenerys Targaryen *low cost*.

Ce que cela nous apprend sur l'humanité

Que les Américains savent organiser des shows comme personne. *Yeah, baby* !

LE CHIFFRE

90 km/h

La vitesse de pointe d'une autruche.

Ce que cela nous apprend sur l'humanité

La mode des petits poneys n'est pas près de s'essouffler. Les pratiquantes créent leurs fougueux destriers à leur image : l'un aura le crin rose, l'autre un petit foulard. Elles sont nombreuses à poser avec leur « cheval » sur les réseaux sociaux, et les chouchoutent en leur donnant un nom, une personnalité et une histoire.

HOBBY HORSE

Mon petit Poney, emmène-moi dans ton pays magique !

LES RÈGLES

Concentrées, les cavalières galopent avec un bâton surmonté d'une tête de cheval entre les jambes. Comme dans les compétitions hippiques, on retrouve les épreuves du dressage ou du saut d'obstacles et les cavalières sont notées sur le style, le maintien et la tenue de leur « cheval ».

L'HISTOIRE

Apparu en Finlande en 2002, le hobby horse est à l'origine né pour lutter contre l'exploitation massive des chevaux. La plus grande compétition a lieu tous les ans en mai à Helsinki, mais la pratique s'exporte désormais dans des pays comme la France, l'Allemagne et la Suède, où elle fait un carton chez les plus jeunes.

On aurait préféré l'ignorer

Apparemment, un prix est décerné à chaque compétition pour le meilleur hennissement. Le résultat est toujours très impressionnant, ou pas.

« Il n'y a pas de secret aussi intime que ceux d'un cavalier et de son cheval. »

Robert S. Surtees,
romancier anglais

La star

Passionné d'équitation, l'acteur Guillaume Canet a accepté d'être le parrain du premier championnat de « cheval à deux pattes » en France. « Je sais, c'est très très con, complètement absurde, mais c'est pour ça que j'ai accepté », a-t-il commenté.

LE CHIFFRE

10 000

adolescentes pratiquent ce sport en Europe.

Pourquoi c'est un sport

Outre les connaissances qu'il requiert en gymnastique et en équitation, le hobby horse aurait des vertus thérapeutiques. La communauté qui s'est instaurée sur les réseaux sociaux est très solidaire et ce sport a permis à de jeunes filles de surmonter le divorce de leurs parents ou le harcèlement scolaire.

64

QUIDDITCH

Le ballet de la communauté LGBT

LES RÈGLES

Quand il est pratiqué par des personnes sans pouvoirs magiques, le quidditch oppose deux équipes de sept joueurs armés d'un balai, qu'il faut impérativement tenir entre ses jambes sous peine de pénalité. Ces derniers tentent de marquer des buts dans trois anneaux disposés à des hauteurs différentes de part et d'autre du terrain. Un but avec le « souafle » rapporte 10 points, indépendamment du côté par lequel il est rentré. En parallèle, les batteurs tentent de toucher un membre de l'équipe adverse avec les « cognards » pour le mettre hors jeu temporairement. Pendant ce temps, l'attrapeur de chaque équipe tente de s'emparer du vif d'or, qui est ici une balle de tennis transportée dans une chaussette par un joueur neutre qui a deux particularités : il peut aller où bon lui semble à proximité du terrain et il est reconnaissable à sa tenue jaune. Le match ne se termine que quand le vif d'or est attrapé. L'équipe qui l'attrape empoche 30 points, contre 150 dans la fiction. En cas d'égalité, des prolongations sont disputées pendant cinq minutes, avant que n'entre en jeu le principe de la mort subite.

Faire le ménage, dans tous les sens du terme

On aurait préféré l'ignorer

Le vif d'or n'est relâché qu'à la 17e minute de jeu chez les Moldus. En effet, si on pouvait l'attraper dès le début du match, la partie risquerait d'être trop courte.

L'HISTOIRE

Né de l'imagination fertile de J.K. Rowling, la célèbre auteure de la saga *Harry Potter*, le quidditch est un sport normalement réservé aux sorciers. Cependant, les amateurs des livres et des films n'ont pas tardé à le transposer dans le monde réel, où il porte le nom de quidditch moldu ou de quiddich au sol. Les règles ont été établies en 2005 par Xander Manshel, un étudiant de l'université de Middlebury, dans l'État du Vermont aux États-Unis. Deux ans plus tard, un autre étudiant nommé Alex Benepe fonde l'International Quidditch Association qui organise des matchs entre plus de 200 établissements scolaires, preuve de l'engouement instantané au pays de l'Oncle Sam. Si la majorité des équipes sont basées en Amérique du Nord, le quiddich moldu est désormais présent dans plus de 45 pays, où des ligues sont créées petit à petit. En 2012, le premier tournoi intercontinental de la discipline, baptisé Summer Games, s'est déroulé à l'université d'Oxford, en Angleterre, en parallèle de la cérémonie du flambeau olympique pour les JO de Londres. Cinq équipes y ont participé, dont les États-Unis, la France et l'Australie prenant respectivement la première, la deuxième et la troisième place.

L'ANECDOTE POUR BRILLER

À l'origine, les attrapeurs devaient s'emparer d'un minuscule oiseau sphérique, particulièrement agile et rapide, nommé « vivet doré ». Recherché pour ses plumes couleur or et ses yeux rouge rubis, l'animal est entré en voie d'extinction au fur et à mesure que le jeu s'est popularisé. En effet, il mourait le plus souvent quand il se faisait attraper. Afin de le protéger, Elfrida Clagg, chef du Conseil des sorciers au XVIIe siècle et ancêtre de Brigitte Bardot, rendit illégale l'utilisation de cet animal pendant les matchs et le fit remplacer par un objet magique inspiré de l'oiseau : le vif d'or.

La star

Attrapeur de l'équipe de Bulgarie, Victor Krum a deux qualités : il est considéré comme le meilleur joueur de la planète et il a une touche avec Hermione Granger. Chez les Moldus, ce sont les États-Unis qui dominent le monde, même si la France n'est pas ridicule avec trois titres de championne d'Europe.

LES CHIFFRES

17 nations
sont actuellement enregistrées à la Fédération internationale.

55 m par 33
Les dimensions du terrain.

Trois questions à Albert Bregeault, président de la Fédération française de Quidditch

Vous avez de multiples casquettes !

Effectivement, je commence ma seconde année en tant que président de la Fédération de quidditch français. Étant donné que je n'ai que 28 ans, je suis encore joueur. Le sport est jeune, donc c'est bien que je sois encore sur les terrains, cela me permet d'en parler encore mieux en tant qu'ambassadeur. Aujourd'hui, on a près de 500 adhérents en France, mais il n'y a pas encore de fédération à proprement parler car on n'a pas l'agrément de l'État. En parallèle, j'ai été sélectionneur de l'équipe de France et je suis désormais le coach de l'équipe des Titans à Paris, la meilleure équipe hexagonale ! Avec les Titans on a été quatre fois champions de France et quatre fois champions d'Europe. En cinq ans, on a perdu seulement deux matchs officiels. Au niveau international, on a gagné les Jeux européens contre la Belgique en 2019. On prépare dès maintenant la prochaine Coupe du monde aux États-Unis, avec l'objectif d'aller chercher un premier titre mondial. C'est dans nos cordes.

La spécificité du quidditch, c'est qu'il y a une obligation de mixité

Dans le livre des règles, l'une des plus importantes est celle des 4 maximums. C'est une règle selon laquelle il ne peut y avoir plus de quatre personnes du même genre sur le terrain. Du coup, on ne se limite pas au binaire masculin et féminin. Cela comprend une palette qui est infinie. L'avantage, c'est qu'on attire énormément de gens, c'est très inclusif. Le désavantage se situe sur la partie un peu plus officielle, notamment à propos de la reconnaissance des instances. Il y a aussi le cas des échanges d'hormones qui sont un frein au développement de notre sport, car on rentre dans les catégories de dopage potentiel. Bref, le quidditch pose de vraies questions sociétales, comme la place de l'homme et de la femme dans les sports collectifs. Certains ont constaté des abus, surtout en Italie où c'est assez probant, les garçons abusaient de la possibilité de se définir comme femme. On n'avait pas ces problèmes au début, c'est quelque chose qui n'arrive que maintenant, avec la compétition.

Qu'est-ce qui te plaît le plus dans ce sport ?

J'adore l'esprit mixte sur le terrain, et surtout le côté mixte entre les sports. Le quidditch, c'est un mélange de rugby, de handball, de balle au prisonnier et de capture du foulard pour la partie vif d'or. Moi qui viens du basket, j'adore le rythme de la partie, il n'y a pas d'arrêts de jeu, est surtout il est plus facile d'attaquer que de défendre. De manière générale, c'est surtout l'occasion de rencontrer des personnes tellement différentes, qui trouvent ici un moyen de s'ouvrir et de s'inclure dans une communauté, et surtout d'apprendre une foule de choses sur les genres et la sexualité. En outre, je peux faire huit déplacements à l'étranger dans l'année, c'est super, même si c'est à mes frais. Enfin, la perspective d'être champion du monde, c'est quand même quelque chose d'extrêmement motivant.

Sale Cognard !

**« Ô joie de la poursuite, emporté dans les cieux.
Je m'approche du Vif, le vent dans mes cheveux.
Et la foule déjà commence à m'acclamer.
Mais hélas un Cognard, s'amuse à m'assommer. »**

Ingolfr l'Iambique,
sorcier norvégien du XVe siècle

Ce que cela nous apprend sur l'humanité

Depuis sa conception, le quidditch au sol se veut le promoteur des études de genre, nées elles aussi dans les campus américains. Ainsi, une des règles les plus importantes de ce sport mixte implique qu'une équipe ne puisse pas aligner plus de quatre joueurs du même genre, ou du moins qui se réclament de la même identité, en même temps sur le terrain. Ce qui demande un certain travail au moment de fonder une équipe. Bref, binaires et non-binaires sont les bienvenus pour donner un coup de balai aux croyances traditionnelles.

Pourquoi c'est un sport

Le Quidditch à travers les âges **est un des livres les plus empruntés à la bibliothèque de Poudlard.**

65

SLACKLINE

Marchez sur un fil

LE CHIFFRE

50 000

Le nombre de spectateurs qui ont assisté aux World Slackline Masters à Munich en 2018.

LES RÈGLES

La slackline diffère du funambulisme par l'utilisation d'une sangle souple appelée « slack », ainsi que par l'absence d'accessoires de stabilisation comme le balancier. La nature élastique et dynamique de la slackline invite à y progresser en équilibre, mais on peut aussi y réaliser d'innombrables figures en utilisant le rebond, ce qui la rapproche alors d'un trampoline long et étroit.

L'HISTOIRE

Descendante de la corde molle dans le cirque, ou encore du jultagi coréen, la slackline aurait été inventée au début des années 1980 dans un camp de grimpeurs du Yosemite. Les amateurs d'escalade avaient fixé une chaîne molle entre deux blocs pour bosser leur sens de l'équilibre. Ils l'ont plus tard remplacée par une sangle, plus confortable pour les pieds nus.

Ton compte bancaire en fin de mois

La star

Le Savoyard Nathan Paulin s'est distingué en 2016 en parcourant près de 1020 mètres sur une sangle tendue entre deux parois rocheuses. En décembre 2017, dans le cadre du Téléthon, il a aussi avalé les 670 mètres qui séparent la tour Eiffel du Trocadéro, établissant ainsi le record de la plus longue traversée en milieu urbain.

Ce que cela nous apprend sur l'humanité

C'est véritablement avec les foires urbaines du XIIIe siècle que la popularité des danseurs de corde explosa : les exercices périlleux auxquels ils se livraient émerveillaient la foule. La vogue ne cessa qu'avec l'apparition des cirques, qui intégrèrent dans leurs troupes ambulantes les acrobates en tous genres.

On aurait préféré l'ignorer

La masse linéique des slacklines peut être très variable, allant de 30 g/m à 150 g/m environ. Ça, c'est cadeau !

L'ANECDOTE POUR BRILLER

Le 30 juin 1859, devant plus de 12 000 spectateurs, le légendaire Jean-François Gravelet, dit « Blondin », est devenu le premier homme à traverser les chutes du Niagara sur une corde de chanvre longue de 330 mètres. Et de quelle manière ! Entre deux sauts périlleux, il s'est offert le luxe de faire le parcours avec une brouette, de cuire son repas sur un réchaud et de porter son agent sur le dos. Le panache à la française.

« Le rassurant de l'équilibre, c'est que rien ne bouge. Le vrai de l'équilibre, c'est qu'il suffit d'un souffle pour tout faire bouger. »

Julien Gracq,
écrivain français

Pourquoi c'est un sport

Bénéfique pour la santé, la pratique de la slackline est depuis peu utilisée dans le domaine de la kinésithérapie, pour le travail de la proprioception, c'est-à-dire la perception de la position des différentes parties du corps.

66

KABADDI

Un sport à couper le souffle

LES RÈGLES

À mi-chemin entre le rugby et la balle au prisonnier, le kabaddi se joue à 7 contre 7 dans un match de deux fois 20 minutes, sur un terrain de 12,5 m de long sur 10 de large, séparé par une ligne centrale. À tour de rôle, chaque équipe envoie un « raider » dans le camp adverse. Ce dernier doit hurler « Kabaddi » pendant toute la durée de son assaut, sans reprendre sa respiration pendant 30 secondes. En apnée, le but du raider est de réussir à toucher un adversaire, puis de s'enfuir sans être immobilisé sur le chemin du retour. L'objectif des défenseurs, qui se tiennent tous la main, est dans un premier temps de ne pas se faire toucher, puis de plaquer le raider quand ce dernier veut revenir dans son camp. Cela peut être assez violent ! Un raider qui ne revient pas dans son camp est *out* et ne peut rentrer en jeu que lorsque son équipe élimine à son tour un joueur adverse. À l'inverse, s'il parvient à ramper jusqu'à son camp tout en étant plaqué, alors tous les défenseurs qui l'ont touché – y compris lors du plaquage – sont *out*. Chaque fois qu'une personne est *out*, l'équipe adverse marque un point. À la fin du temps réglementaire, le total des points est effectué.

L'ANECDOTE POUR BRILLER

Un poème religieux chanté par Tukaram, un poète indien du XVIIe siècle, raconte que Krishna, la divinité centrale de l'hindouisme, jouait au kabaddi dans sa jeunesse. Il se murmure même que Bouddha en faisait de manière récréative. Il devait être chaud à plaquer d'ailleurs.

L'HISTOIRE

Populaire dans toute l'Asie du Sud, le kabaddi est particulièrement répandu en Inde, au Pakistan et au Bangladesh. Nul ne sait véritablement d'où proviennent ses origines millénaires. Certains disent qu'il a été inventé dans les villages du Tamil Nadu, et que son nom est un dérivé du mot tamoul *kai-pidi* qui signifie « se tenir les mains ».

On aurait préféré l'ignorer

Apparemment, la règle de la respiration n'est plus appliquée au plus haut niveau, car jugée désuète. Ce qui enlève pas mal de classe au jeu, même s'il faut toujours chanter « Kabaddi ».

D'autres affirment qu'il est né au Sistan, une région à cheval entre l'Iran et l'Afghanistan. Toujours est-il que c'est en Inde que les premières compétitions modernes sont apparues dans les années 1920, et que le sport a été codifié avec la création de la Kabaddi Federation of India en 1950. Depuis 1990, des championnats d'Asie sont organisés tous les quatre ans et l'Inde en est toujours sortie vainqueur, sauf lors de l'édition 2018 où l'Iran s'est imposé à la surprise générale.

LES CHIFFRES

3
Le nombre de Coupes du monde dans l'histoire. Organisées en 2004, 2007 et 2016, elles ont toutes été remportées par l'Inde.

50 millions
de pratiquants dans la péninsule indo-asiatique.

430 millions
de spectateurs dans le monde.

Quand ton pote ne veut pas vraiment te checker

Pourquoi c'est un sport

Vous avez déjà essayé de ramper en apnée avec trois gars qui s'accrochent à votre jambe ?

« Jouez au kabaddi, pour la paix et l'harmonie. »

le slogan officiel du jeu

La star

Connu sous le pseudonyme de « Mighty Manjeet », le all-rounder Manjeet Chhillar est considéré par beaucoup d'observateurs comme le joueur le plus complet à l'heure actuelle. Aussi doué en attaque qu'en défense, il a fait profiter les Bengaluru Bulls, les Puneri Paltan et les Jaipur Pink Panthers de sa science du jeu, parvenant souvent à libérer ses coéquipiers quand tout espoir semblait perdu. Il a été nommé MVP de la ligue indienne en 2015 et a été décisif dans la victoire de son pays aux championnats du monde en 2016.

Ce que cela nous apprend sur l'humanité

Le kabaddi est utilisé comme méthode d'entraînement par la British Army, car c'est un excellent moyen de travailler la réactivité et les réflexes des soldats. L'état-major est en outre intéressé, *via* ce symbole, par la perspective de pouvoir attirer davantage de jeunes recrues d'origine pakistanaise ou indienne dans ses rangs…

Trois questions à Singh Jagraj, capitaine du Punjab sports club de Bobigny

Le kabaddi, c'est le sport national en Inde.

Il faut savoir qu'il y a trois styles de kabaddi : celui du Punjab, qui est joué dans un terrain en cercle ; le kabaddi pakistanais, qui se joue en un contre un ; et le kabaddi national, désormais retransmis dans tous les pays d'Asie, avec des centaines de millions de spectateurs. Néanmoins, le but reste le même dans toutes les variantes. En Inde, nous sommes tous imprégnés. Lorsque l'on est enfant, c'est un jeu qui est pratiqué dans le jardin de la maison ou sur un terrain vague ; il ne vous faut pas dix mètres carrés pour lancer une partie. C'est pourquoi on gobe tout au niveau international. La Chine et l'Iran se débrouillent, mais la vraie rivalité, c'est avec le Pakistan.

Où en sommes-nous, ici, en France ?

On veut créer une fédération française de kabaddi. On n'avait que deux clubs il y a deux ans, aujourd'hui on en a cinq. Avec l'équipe de France, j'ai fait des matchs contre les Pays-Bas, l'Allemagne, la Belgique, l'Espagne. Récemment, on a organisé un tournoi à La Courneuve où il y avait plus de 5 000 personnes, principalement des Indiens et des Pakistanais. En France, la troisième génération des migrants du Punjab vient de naître, mes parents ont migré. Moi, je suis né ici, il y a une différence de temps qui n'a pas encore joué en notre faveur. En Angleterre, il y a 24 clubs, mais ils en sont, eux, à la quatrième génération. Plus on avancera dans le temps, plus ça va évoluer. Aujourd'hui, on a deux Français qui viennent s'entraîner avec nous dès qu'ils ont le temps…

C'est quoi, cette règle de ne pas respirer ?

À l'époque, cela faisait partie des styles pakistanais et punjabis, qui sont apparus au même moment. Le joueur devait toucher et revenir en un souffle. C'était la règle pendant des siècles : une seule respiration. Néanmoins, le monde grandit et évolue. Maintenant, les matchs se déroulent dans des enceintes de milliers de personnes, l'arbitre n'entend rien, ça n'a plus aucune utilité de dire kabaddi, c'est pour ça qu'on a fixé un temps de 30 secondes à la place il y a environ cinquante ans. Le plus important, de toute façon, c'est de mettre des baffes. Je me suis fait retourner deux ou trois fois en mode plaquage récemment, c'était marrant.

COURSE DE TALONS

Et on ne parle pas de la Fashion Week !

LES RÈGLES

Il s'agit tout simplement de courir différentes distances avec des talons hauts. La hauteur de ces derniers varie selon les compétitions, sans descendre toutefois en dessous de 8 centimètres.

L'HISTOIRE

À l'origine mercantiles et sponsorisées par des marques, les courses de talons hauts se sont développées en lien avec le mouvement LGBT+. La compétition la plus célèbre est celle de la Gay Pride de Madrid, mais on trouve des courses similaires aux Pays-Bas, en France (à Lille notamment, avec la Glam Run, lors des 48H Maisons de mode), en Allemagne et dans les pays anglo-saxons. Longtemps réservées aux femmes, elles attirent désormais un nombre d'hommes croissant.

« Si les talons hauts étaient si merveilleux, les hommes en porteraient. »

Sue Grafton, écrivaine américaine

LE CHIFFRE

105 millions

Le nombre d'escarpins vendus dans le monde en 2005.

Cendrillon

On aurait préféré l'ignorer

Nicolas Sarkozy est un grand amateur de talonnettes.

La star

Ainsi chaussée en avril 2019, la Béarnaise Christelle Doyhambehere a bouclé le marathon de Paris en 6 heures, 4 minutes et 7 secondes. Ce qui est évidemment un record du monde. Cocorico !

Ce que cela nous apprend sur l'humanité

Que le port du talon a servi de marqueur social à travers les âges. Par exemple, dans la France des XVIIe et XVIIIe siècles, les aristocrates les portaient en signe de noblesse, avant de les laisser au placard après la Révolution française pour éviter de se faire embrouiller.

Pourquoi c'est un sport

Parce que personne n'aime faire un plat dans une rivière en chutant de six mètres de haut.

FIERLJEPPEN

Aux Pays-Bas, l'absence de ponts n'est pas un problème...

LES RÈGLES

Le fierljeppen, qui peut se traduire par « long saut » dans la magnifique langue néerlandaise, est un sport traditionnel pratiqué par les Frisons, une peuplade d'origine germanique installée dans le nord du pays. Il se pratique avec une perche allant de 8 à 13 mètres (respect). Il consiste à sauter au-dessus d'un plan d'eau, voire d'un large canal, en plantant le bout plat de la perche au fond de l'eau tout en contrôlant ses mouvements une fois en l'air pour garder l'équilibre, avant d'atterrir dans un bac à sable de l'autre côté. Les athlètes effectuent une prise d'élan similaire à celle des pratiquants du saut à la perche.

L'HISTOIRE

On pense que ce sport a été créé par des agriculteurs néerlandais qui utilisaient des perches pour sauter les canaux de drainage des eaux afin d'accéder à différentes parcelles de terrain. Le premier match officiel s'est déroulé en 1771, mais la discipline ne s'est véritablement structurée qu'à partir de 1957. Aujourd'hui, le sport est principalement pratiqué pour divertir les touristes, mais des championnats sont régulièrement disputés dans six ligues et de nombreux clubs existent.

On aurait préféré l'ignorer

Dans la région allemande de la Frise orientale, ce sport est connu sous le nom de *Pultstockspringen*. Pour la prononciation, débrouillez-vous.

La star

Avec 22,21 m, le record du monde est détenu par Jaco de Groot, qui a du mérite parce qu'il n'est pas originaire de Frise, mais de la région d'Utrecht. Chez les femmes, c'est Marrit van der Wal qui est allée le plus loin avec 17,58 m.

Ce que cela nous apprend sur l'humanité

Que les pays-bas ont un quart de leur territoire situé en dessous du niveau de la mer. Pour éviter les inondations, les habitants ont construit des digues et des canaux, ce qui explique le proverbe local : « Dieu a créé le monde et les Néerlandais ont créé les Pays-Bas ».

SLAMBALL

Dunkez comme vous le voulez

On dirait la scène finale d'*Air Bud*, immense film...

LES RÈGLES

Mélange explosif de football américain, de gymnastique et de basket-ball, le sport oppose deux équipes de quatre joueurs sur un terrain entouré de plexiglas. Équipés de protections, les athlètes doivent inscrire des points en s'envolant à l'aide de quatre trampolines placés sous les paniers. Chaque panier marqué après un saut sur le trampoline rapporte trois points, les autres rapportent deux points, ce qui encourage franchement le spectacle et les dunks à 360 degrés. Les matchs sont constitués de quatre quarts-temps de 5 minutes et l'équipe qui a le ballon dispose de 15 secondes de possession pour marquer.

La star

Interprété par Samuel L. Jackson dans le film *Coach Carter*, le désormais célèbre Ken Carter a été l'entraîneur des Rumble aux États-Unis. Grâce à ses conseils avisés, son équipe a remporté le premier tournoi de slamball et il possède le plus grand pourcentage de victoires sur les trois éditions, preuve qu'il n'a pas perdu la main.

L'ANECDOTE POUR BRILLER

Dans le second volet de , lors d'un voyage en l'an 2015,
le slamball est mentionné comme étant le sport préféré de Douglas J. Needles et il apparaît aussi en première page du journal Le film est pourtant sorti en 1989, soit treize années avant que le slamball ne soit officiellement lancé. Visionnaires, les gars !

LE CHIFFRE

1

L'Italien Marco « White » Bianchi est le seul joueur professionnel de slamball en Europe.

Pourquoi c'est un sport

Les contacts physiques rugueux sont tolérés même sur un joueur sans le ballon. Seuls sont interdits les plaquages dans le dos et en l'air.

L'HISTOIRE

Inventé en l'an 2000 par l'adolescent américain Mason Gordon, le slamball connaît d'abord un développement fulgurant aux États-Unis. En 2002, grâce au soutien de nombreuses personnalités de la NBA, un championnat de six équipes est créé et les matchs sont diffusés sur une chaîne de télévision américaine. Néanmoins, à la suite de désaccords, la ligue est dissoute dès la fin de la deuxième saison, avant de renaître de ses cendres, en 2008, le temps d'un tournoi. Lassé des atermoiements des diffuseurs, Mason Gordon se tourne alors vers la Chine. Après une campagne de promotion longue de six ans, le premier centre de formation voit le jour à Shanghai en 2014 et cinq équipes sont créées dans la foulée. Depuis, la discipline est en pleine expansion, sauf en Europe. Il n'existe pour l'instant qu'un seul terrain en Italie, où tous les amateurs viennent s'entraîner.

On aurait préféré l'ignorer
Le sport apparaît également dans la sixième saison de la série *Les Frères Scott*.

« Mais alors Doc ? Toutes ces histoires sur les risques de modifier le futur, le continuum espace-temps ? – Ben, je me suis dit : on s'en balance. »

Doc et Marty McFly,
voyageurs du temps

Ce que cela nous apprend sur l'humanité
Que les Chinois sont prêts à profiter de la moindre erreur du rival américain.

Rép à ça, LeBron James !

27
73
E

CAPOEIRA

Esclaves de tous les pays, unissez-vous

LES RÈGLES

Acrobatique, la capoeira se distingue des autres arts martiaux par son côté ludique. On peut tout aussi bien l'envisager comme une technique de lutte ou comme une danse, le plus souvent accompagnée par des instruments, des chants et des frappements de mains. Lors d'un combat, les athlètes prennent position en appui ou en équilibre sur les mains pour effectuer des coups de pied circulaires et autres acrobaties.

Sur le tournage du clip de Wes, « Alane »

On aurait préféré l'ignorer

Lors de la période postcoloniale, la capoeira était l'apanage des brigands et malfrats en tout genre, qui l'utilisaient dans les rues de Rio lors d'affrontements sanglants. C'est pourquoi elle fut interdite en 1890.

LE CHIFFRE

40 pays

étaient représentés lors des championnats du monde de Bakou en 2018.

Ce que cela nous apprend sur l'humanité

La capoeira était une forme de rébellion contre la société coloniale. Quand les maîtres approchaient des combats, ces derniers se transformaient rapidement en une sorte de danse accompagnée de chants. Ce subterfuge a façonné la capoeira pour lui donner une coloration profondément ambivalente.

« Le bon capoeiriste n'a pas besoin de frapper pour montrer qu'il est bon. Tout le monde l'a vu, s'il n'a pas frappé, c'est parce qu'il ne l'a pas voulu. »

Mestre Pastinha,
grand maître de la capoeira

L'HISTOIRE

La capoeira est un art martial afro-brésilien, importé par les peuples africains vers le XVIe siècle, à l'époque de l'esclavage. On sait peu de choses sur l'histoire de cet art martial puisqu'il est né dans la clandestinité. Il est cependant admis que ses origines sont africaines, même si la société coloniale portugaise a pu façonner certains de ses aspects : les esclaves étant mélangés pour diminuer les risques de révolte, ces derniers ont alors assemblé des traditions hétéroclites, d'où les nombreuses formes de capoeira qui subsistent encore aujourd'hui. Réhabilitée par Mestre Pastinha dans les années 1920, la capoeira n'est plus illégale depuis 1940 au Brésil, où elle s'épanouit et fait partie intégrante de la culture nationale. Une fédération mondiale, fondée en 2011, organise depuis peu des championnats du monde, préludes à un rêve olympique ouvertement déclaré.

Eddy Gordo dans *Tekken*

La star

L'actuel champion du monde ne vient pas du Brésil, mais d'Azerbaïdjan. En dépit de son look d'expert-comptable, Nahid Aghazada s'est imposé par deux fois dans la plus prestigieuse des compétitions, en 2013 et 2018.

L'ANECDOTE POUR BRILLER

Parmi les inspirations possibles de la capoeira, on cite souvent les techniques de combat des armées du royaume du Kongo en Afrique. Cet art de guerre à main nue portait le nom de « Ngo-lo », que l'on peut traduire par la « force de la panthère ». N'hésitez pas à la placer quand vous verrez un match des Bleus avec Kanté.

Pourquoi c'est un sport

Parce que Eddy Gordo était pratiquement injouable sur *Tekken 3* (ça, c'est pour mes geeks).

71

SEPAK TAKRAW

On aurait préféré l'ignorer
En Europe, le sepak takraw est parfois appelé « kick volley-ball », ça claque moins quand même.

Le tennis-ballon pour les acrobates

LES RÈGLES

Elles sont presque les mêmes qu'au volley. Se déroulant sur un terrain de badminton, avec un filet situé à 1,55 m du sol, une partie oppose deux équipes de trois joueurs qui se renvoient la balle avec le pied, la poitrine ou la tête, sans utiliser les mains. Ils peuvent se faire trois passes entre eux avant de renvoyer la balle dans le camp adverse. L'équipe marque un point quand la balle touche le sol dans le camp adverse ou si les adversaires envoient la balle hors du terrain. Ultra-spectaculaire, les matchs se déroulent en trois sets de 21 points, avec une balle faisant environ 15 centimètres de diamètre et pesant 200 grammes.

Prends ça, Cristiano !

LE CHIFFRE
31
pays sont affiliés à la fédération internationale.

L'HISTOIRE

Méconnu en Occident, le sepak takraw est un sport très populaire en Asie du Sud-Est. Le terme *sepak* veut dire « coup de pied », tandis que le terme *takraw* signifie « balle tressée », du fait de l'usage traditionnel du rotin. Si son histoire est probablement millénaire, le sepak takraw est pour la première fois mentionné dans le *Sejarah Melayu*, un texte historique malais du XVe siècle, qui raconte comment le fils du sultan de Malacca tue un de ses adversaires lors d'une partie. Au fil des siècles, la pratique s'est exportée en Indonésie, aux Philippines et au Laos. Mais c'est véritablement en Thaïlande qu'elle est devenue une institution, doublée d'un sport national, au même titre que la boxe muay-thai. Comme un symbole, un match de

Ce que cela nous apprend sur l'humanité
Le sepak takraw a longtemps été un loisir communautaire pour villageois d'Asie du Sud-Est. Traditionnellement, ils formaient un cercle et devaient garder la balle en l'air aussi longtemps que possible. Ces échanges conviviaux et solidaires étaient un bon moyen de favoriser l'esprit de communauté, valeur centrale pour les Asiatiques.

gala est organisé à Bangkok pour fêter la première Constitution du pays en 1933. Il faudra néanmoins attendre 1965 pour voir ce sport se structurer véritablement avec la création de l'Asian Sepak Takraw Federation (SATAF), qui définit des règles de jeu précises. Depuis 1996, il existe une fédération internationale qui organise des championnats du monde tous les quatre ans, mais la compétition la plus prestigieuse reste la King's Cup, qui se déroule chaque année à Bangkok depuis 1985 dans une ambiance de folie.

L'ANECDOTE POUR BRILLER

Dans les tomes 5 et 6 du manga , le Japon affronte la Thaïlande lors des éliminatoires de la Coupe du monde de football des moins de 20 ans. Menés par les redoutables frères Konsawat, qui utilisent des techniques de fous comme le « sepak takraw shoot », le « rolling spike aérien » ou le « scissors spike », les Thaïlandais enchaînent les corrections : 12-0 contre Guam et 11-0 face à Taïwan. Mais grâce à leur courageux capitaine, le Japon parviendra à les battre 5-4 dans un match de fort belle facture offensive. À la suite de cette défaite, les trois frères nommés Chana, Sakun et Faran tiennent la promesse faite à leur père d'arrêter le football pour se concentrer à nouveau au sepak takraw.

La star

« Spiker » de l'équipe thaïlandaise, avec laquelle il a remporté des dizaines de médailles d'or, Pornchai Kaokaew est d'une redoutable efficacité au moment de conclure les actions. Malgré ses 37 ans, le vétéran enchaîne les sauts périlleux et les retournés acrobatiques pour smasher la balle aux quatre coins du court, sous les yeux ébahis de la concurrence. Et cela fait dix-sept ans que ça dure...

Trois questions à Renato Da Silva, star de l'équipe de France

Raconte-nous comment tu as découvert ce sport incroyable.

Je suis né au Brésil. J'ai commencé par le foot-volley, un sport où le filet est plus haut et le terrain plus grand. Je suis tombé amoureux du sepak takraw à l'adolescence, j'ai trouvé ça fun et je m'y suis investi. À l'époque, je faisais aussi de la capoeira, donc j'ai toujours adoré faire des sauts ! Je me suis d'abord entraîné avec l'association brésilienne, avant de venir en France à l'âge de 16 ans. Depuis, je suis devenu coach sportif, diplômé par l'État. Il y a quatre ans, j'ai fondé l'association cannoise de sepak takraw pour faire connaître et développer ce sport sur la Côte d'Azur. Cela varie d'une année sur l'autre, mais j'ai en moyenne une quinzaine de joueurs dans mon club. Cela avance petit à petit. Je suis en train de créer un projet pour pouvoir proposer ce sport à l'année pour les adolescents entre 11 et 13 ans.

Tu es par ailleurs la star de l'équipe de France...

Au niveau international, on est encore loin des Thaïlandais, ou des Malaisiens aussi qui sont pas mal. Je suis parti plusieurs fois m'entraîner en Asie avec eux, c'était extraordinaire. Nous, je dirais qu'on est en voie de développement. Cela fait vingt ans que l'équipe de France existe, les cadres sont en train de mettre en place une fédération à Strasbourg et organisent des événements de sepak takraw chaque année. De plus en plus de clubs voient le jour, à Toulouse, à Cannes, à Mulhouse... L'idéal serait d'être assez structurés pour pouvoir proposer une démonstration pour les JO en 2024, cela ferait énormément avancer les choses, on est en train d'y travailler !

Quels sont vos objectifs pour le futur ?

Aller toujours plus haut. Notamment à la Kings Cup. Il y a aussi le Mondial qui a lieu une fois par an. On a depuis peu un nouveau coach qui vient de Malaisie, qui est de très bon conseil. Il s'appelle Joey Ayob, il nous donne les techniques pour réaliser les retournés, pour travailler la défense. Ça nous permet d'améliorer le niveau général de l'équipe. On espère devenir les meilleurs en Europe dans les années à venir, malgré la concurrence de pays comme l'Allemagne, la Suisse ou la Belgique.

« Les deux plus belles conquêtes que l'homme ait faites sur lui-même, c'est le saut périlleux et la philosophie. »

Edmond et Jules de Goncourt,
écrivains français

Sans photomontage

Pourquoi c'est un sport

Lassée de ses résultats moyens, la Fédération indonésienne a fait subir en 2017 un stage de cinq mois à ses joueurs au QG de la police, au sein d'une unité d'élite intervenant dans le contre-terrorisme et la lutte anti-émeute. « Pour eux, c'est l'endroit idéal pour s'entraîner », a sobrement commenté le président de la Fédé, qui a forcé ses ouailles à enchaîner les exercices intensifs du lundi au vendredi. Le week-end, les joueurs avaient la permission de sortir mais accompagnés d'un policier. Un pari autoritaire mais payant, puisque l'Indonésie s'est hissée jusqu'en finale.

KALARIPAYAT

L'école des points vitaux

LES RÈGLES

Redoutable technique de self-défense, le kalaripayat reste cependant non violent par essence, en ce qu'il est avant tout un chemin vers la réalisation de soi. Ses trois différents styles se caractérisent par leurs emprunts au yoga (de nombreuses positions imitent le comportement des animaux) ainsi que par des sauts vertigineux. Rigoureux, les différents niveaux du parcours initiatique visent à apprendre le maniement de 18 armes, avec l'idée constante de protection de la vie. Cette dernière implique la connaissance parfaite des points vitaux, afin de nuire mais aussi de soigner.

L'HISTOIRE

Originaire de la région du Kerala, dans le sud de l'Inde, le kalaripayat est un art martial pour la première fois mentionné par écrit au IIe siècle av. J.-C. Pilier institutionnel de la société kéralaise, il servait à l'entraînement des guerriers nayars, dont la mission était de garantir l'ordre social. Entre les XVe et XVIIe siècles, de nombreux écrits d'explorateurs portugais attestent que les côtes du Malabar étaient les plus sûres du monde: l'ordre régnait dans les rues et les rares conflits se réglaient en combat à mort individuel. Banni sous l'Empire britannique, le kalaripayat est plus que jamais de retour en Inde depuis la création en 1995 d'une fédération nationale qui tente de faire revivre cette école de pensée oubliée.

On aurait préféré l'ignorer

À la fin du XVIIe siècle, la couronne anglaise interdit la pratique du kalaripayat, allant jusqu'à perquisitionner les domiciles, détruire les armes et placer les maîtres sous haute surveillance.

La star

Seigneur du ciel dans la mythologie védique, le dieu Indra attaque les points vitaux de son adversaire lors d'un combat relaté dans le *Rig-Veda*, un des quatre grands textes canoniques de l'hindouisme.

Pourquoi c'est un sport

Au troisième niveau, l'« ankathari », les adeptes sont initiés au maniement des armes en métal. Ils découvrent alors l'ouroumi, une épée très dangereuse qui ressemble à un fouet. Composée de plusieurs lames, elle peut être fatale à son porteur à la moindre faute d'inattention.

« Nous formons une jeunesse solide physiquement et disciplinée mentalement pour garantir l'ordre de la société et le progrès de notre nation. »

La Fédération indienne de Kalaripayat

Kalarippayat, la comédie musicale

L'ANECDOTE POUR BRILLER

Selon la légende, le célèbre prince Bodhidharma aurait créé la première école de kalaripayat près de Kottayam, au Kerala, avant de partir en Chine pour y fonder une école de pensée et enseigner ce qui deviendra plus tard le kung-fu au monastère Shaolin.

LE CHIFFRE

25

associations régionales composent la Fédération indienne.

Ce que cela nous apprend sur l'humanité

En cas d'embrouille, visez la nuque, la pomme d'Adam, les tempes, le sternum, la base du nez ou les articulations. Ce sont des points vitaux du corps humain : quand on applique une pression dessus, la sensation de douleur est décuplée.

73

Pourquoi c'est un sport
Parce que c'est réservé aux boss ! Laurent Ruquier *likes this*.

SAUT DE CHAMEAU

On sait s'amuser comme des petits foufous au Yémen…

LES RÈGLES

Le deal est simple : le gagnant est celui qui parvient à sauter par-dessus le plus grand nombre de chameaux alignés à l'horizontale, sans le moindre contact avec les animaux. Sachant que ces derniers mesurent en moyenne deux mètres de haut, cela s'avère assez dangereux. Vêtus d'habits traditionnels, les concurrents sprintent pieds nus avant de s'envoler sur un petit tremplin de boue d'environ 30 centimètres.

L'HISTOIRE

Cette discipline est l'apanage de la tribu des Zaraniqs, fière d'assumer ainsi sa singularité. Habitants la plaine de la Tihama, sur les bords de la mer Rouge, ces anciens guerriers malmenés par les Yéménites renouent, grâce à ce sport, avec leur gloire passée. Selon la légende, son origine remonte à des millénaires, quand deux hommes de la tribu se sont lancés un défi amical pour se tirer la bourre. La popularité grandissante de ce sport fait que des athlètes locaux s'entraînent désormais toute l'année pour perpétuer la tradition et obtenir la reconnaissance de leurs pairs.

On aurait préféré l'ignorer
Faute de calendrier clair, de tels exploits sont présentés en point d'orgue des cérémonies de mariage. Normalement avec ça vous prenez au moins un 16 sur 20 en ambiance dans « Quatre mariages pour une lune de miel ».

L'autre logo Jordan

La star
On attend encore le premier champion du monde yéménite de saut en longueur, qui ne devrait pas tarder à se manifester une fois le contexte géopolitique apaisé.

LE CHIFFRE
0
Le nombre de femmes autorisées à participer.

Ce que cela nous apprend sur l'humanité
Que la guerre au Yemen, qui fait actuellement rage dans un silence assourdissant, a causé plus de 60 000 victimes depuis 2016.

Que les Italiens savent mieux y faire que les Chinois.

BAISERS SOUS-MARINS

Love is in the Mer

LES RÈGLES

Il s'agit d'embrasser sa moitié le plus longtemps possible en apnée. L'usage de la langue est autorisé à vos risques et périls.

L'HISTOIRE

Très populaire en Chine depuis quelques années, la discipline se caractérise par l'organisation de plusieurs tournois indépendants dans les parcs aquatiques friands de publicité, qui offrent généralement aux vainqueurs deux bagues en diamant. Les concours de ce genre ont le plus souvent lieu à la date du 6 juillet, qui correspond à la Journée internationale du baiser.

On aurait préféré l'ignorer

Depuis son ouverture en 2013, le Shanghai Maya Water Park reçoit en moyenne deux millions de visiteurs entre juillet et août. Bref, les spectateurs sont nombreux.

La grosse pellasse

« Tourne pas toujours ta langue dans le même sens ! – Non mais attends, c'est mon style de roulage de pelles. Chacun son style de roulage de pelles ! »

Vincent Lacoste,
dans *Les Beaux Gosses* (2009)

LE CHIFFRE

20

Le nombre de couples à avoir participé à la compétition organisée en 2015 à Shanghai, finalement remportée par Xu Jun et Zhang Wenqing avec un temps de 1 minute et 20 secondes. C'est ce qu'on appelle une « belle pelle ».

La star

Les Italiens Michele Fucarino et Elisa Lazzarini détiennent le record du monde de la spécialité avec un baiser long de 3 minutes et 24 secondes. Leur performance a été réalisée le 18 mars 2010 sur le plateau de l'émission italienne « Lo Show dei Record », l'équivalent transalpin de « L'Été de tous les records ». Dédicace à Pierre Sled.

Pourquoi c'est un sport

À la différence de l'apnée statique, la position demandée ici ne permet pas de relaxer ses muscles puisque les concurrents doivent s'agenouiller et se tenir ensemble. C'est encore plus chaud, dans tous les sens du terme.

75

YUKIGASSEN

Pour les bonshommes des neiges

LES RÈGLES

Au Japon, la bataille de boules de neige est un sport très sérieux. Le jeu se déroule sur un terrain long de 36 mètres de long et de 10 mètres de large, avec des manches de trois minutes. Chaque équipe est composée de 7 joueurs et dispose de 90 boules de neige. Le but est de s'emparer du drapeau de l'équipe adverse, planté dans chaque camp. Mais attention : il suffit qu'un joueur soit touché par une boule pour qu'il soit éliminé, peu importe le lanceur. Pour éviter les rafales, il faut courir et se cacher derrière des murs de protection, un peu comme au paintball. Si personne n'a réussi à capturer le drapeau dans le temps imparti, l'équipe qui a le plus de joueurs encore en jeu l'emporte.

LE CHIFFRE

1000

Le nombre d'équipes au Japon qui tentent de décrocher l'une des 125 places disponibles au yukigassen.

L'HISTOIRE

Le yukigassen est une compétition internationale, organisée chaque année depuis 1987 dans la petite ville nippone de Sobetsu. Dotée d'une popularité grandissante, la discipline s'exporte aujourd'hui aux États-Unis, au Canada, en Scandinavie et en Russie.

Coolnter Strike, vous l'avez ?

Pourquoi c'est un sport

Le 29 janvier 1863, pendant la guerre civile américaine, une petite centaine d'hommes originaires du Texas ont voulu s'amuser en attaquant à coups de boules de neige leurs camarades du camp de l'Arkansas. Après quelques headshots, les débats ont dégénéré en une bagarre générale impliquant 9000 soldats.

« La vieillesse arrive brusquement, comme la neige. Un matin au réveil, on s'aperçoit que tout est blanc. »

Jules Renard,
écrivain français

Ça, c'est une nouvelle map ?

On aurait préféré l'ignorer
En 1472, la mairie d'Amsterdam a officiellement interdit les batailles de boules de neige dans ses rues. Pas hyperfunky, ces Néerlandais.

La star

La plus grande bataille de boules de neige de l'histoire s'est déroulée le 31 janvier 2016 à Saskatoon, au Canada. Répondant à l'appel du comédien Rick Mercer, qui tournait un épisode sur l'équipe nationale de yukigassen pour la télévision, plus de 7 681 participants se sont affrontés.

L'ANECDOTE POUR BRILLER

Célèbre pour sa découverte des relations mathématiques qui régissent les mouvements des planètes, l'astronome allemand Johannes Kepler fut aussi l'un des premiers scientifiques à s'intéresser à la formation des flocons. Il rédigea en 1611 un traité intitulé *L'Étrenne ou la neige sexangulaire*.

Ce que cela nous apprend sur l'humanité

Le sentiment d'excitation que nous procure l'arrivée de la neige, notamment chez les plus jeunes, est tout à fait récent dans l'histoire de l'humanité. Au Moyen Âge, c'était un fléau pour les agriculteurs, qui risquaient la famine, et une plaie pour les soldats, dont les campagnes militaires étaient suspendues.

POUR LES FOUS

PANACHE, COURAGE ET ORIGINALITÉ

On termine par les plus beaux, les plus incroyables, les plus inutiles, les plus dangereux, les plus gratinés, les plus inclassables. Du recouvrement d'abeilles à l'endurance en sauna, de la plongée sous glace à l'escalade urbaine, du décorticage de crevettes aux charmeurs de vers, ces sports pas comme les autres sont une magnifique ode à la démence qui habite l'être humain.

AIR SEX

Accouplez-vous avec l'homme invisible

LES RÈGLES

Les athlètes montent sur scène avec la musique de leur choix. Ils ont ensuite deux minutes pour mimer avec un partenaire imaginaire un acte sexuel dont les phases vont des préliminaires à l'orgasme. Le tout doit être le plus drôle et le plus pervers possible. Deux règles existent cependant pour laisser un voile de pudeur : tout doit être simulé et il convient de garder ses vêtements pendant la performance. Le vainqueur est désigné par le public.

L'HISTOIRE

Avant de faire chavirer les foules aux États-Unis, l'air sex a vu le jour au Japon en 2005. Son créateur, J-Taro Sugisaku, a expliqué avoir inventé la discipline avec un groupe de célibataires frustrés par le manque de sexe dans la banlieue de Tokyo, en s'inspirant des concours d'air guitar. La discipline s'est ensuite popularisée grâce à la parution sur YouTube de vidéos créées par un groupe d'adolescents américains en janvier 2007. La même année, l'Air Sex World Tour a débuté aux États-Unis, couronnant pas moins de 14 champions dans les villes visitées.

Holà ! Calmos José !

LE CHIFFRE

75 %

des femmes auraient déjà simulé un orgasme avec leur mari.

Pourquoi c'est un sport

Selon Chris Trew, l'enthousiaste producteur des championnats, « l'air sex est la plus grande forme de divertissement mondial, c'est inspirant et cela a des valeurs éducatives ». Si tu le dis, man...

On aurait préféré l'ignorer

La frustration est grande dans l'archipel japonais, où plus de 40 % des jeunes âgés de 18 à 35 ans n'ont jamais eu de rapport sexuel.

L'ANECDOTE POUR BRILLER

Il existe aux États-Unis et au Mexique une espèce de lézards, dit « lézards à queue en fouet », dont tous les mâles ont disparu. Du coup, les femelles simulent entre elles l'acte sexuel et parviennent à se reproduire par parthénogénèse, une forme de clonage naturel qui permet à l'espèce de se perpétuer.

La star

Véritable performer, le New-Yorkais Adam Wilson, alias Tootnanny, a remporté par deux fois le concours en mimant le retrait d'un tampon hygiénique, qu'il remplaçait aussitôt en utilisant sa bouche. C'est bon, ça !

Eh bah dis donc...

« Il faut supprimer de toute notre vie l'hypocrisie et la simulation. »

Cicéron,
homme d'État romain

Ce que cela nous apprend sur l'humanité

Plébiscitées par une grande majorité d'artistes, les claques sur les fesses sont apparemment devenues indispensables pour parler de performance sexuelle optimale chez les êtres humains.

77

GROS MANGEURS

Le concours des hot-dogs mouillés

LES RÈGLES

C'est bien simple, il s'agit de bouffer le plus possible en un temps imparti. Traditionnellement, chaque concours a son aliment fétiche, comme le hamburger, le ou les *chicken wings*. À la fin du chrono, celui qui a ingurgité le plus de matière sans la vomir est déclaré vainqueur. Il est possible de tremper certains aliments dans l'eau avant de les avaler, bien que cette pratique, nommée « dunking », soit de plus en plus contestée par les puristes.

Ça se régale apparemment

L'HISTOIRE

L'alimentation sportive – ou *competitive eating* – est une pratique qui prend sa source dans la seconde moitié du XIXe siècle au sein des foires régionales américaines, où étaient organisés des concours de mangeurs de tartes. Attirant des centaines de spectateurs, ces derniers se sont progressivement diversifiés et ont commencé à essaimer un peu partout dans le pays. C'est ainsi qu'apparaît en 1916, à New York, le Nathan's Hot Dog Eating Contest, qui est aujourd'hui le tournoi de référence, un peu comme celui de Wimbledon au tennis. Disputé chaque 4 juillet, il fait partie de la tradition de Coney Island et est diffusé sur la chaîne américaine ESPN depuis une dizaine d'années, preuve de la popularité grandissante de la discipline. Cette dernière peut aussi se décliner sous la forme de concours sponsorisés par les restaurants en quête de publicité : il s'agit alors de manger des plats monstrueux ou particulièrement épicés en un temps imparti. Si le client y parvient, il mange gratuit et voit sa photo affichée sur le mur du restaurant. Fondée en 1997 par les frères George et Richard Shea, l'International Federation of Competitive Eating organise et supervise les concours à travers la planète, en tentant de médiatiser ce sport très décrié.

KFC Sport Team

On aurait préféré l'ignorer

Dernière victime d'une longue liste, Caitlin Nelson, âgée de 20 ans, s'est mortellement étouffée en ingurgitant des pancakes lors d'un concours qui s'est déroulé dans son université en avril 2017.

LES CHIFFRES

50

tournois majeurs sont organisés chaque année par l'International Federation of Competitive Eating en Amérique du Nord.

2,8 millions de personnes

soit le record de téléspectateurs du Nathan's Hot Dog Eating Contest en 2014.

10,2 kilos

Le poids du hamburger avalé par Molly Schuyler au restaurant Ward's House of Prime à Milwaukee en juin 2017.

L'ANECDOTE POUR BRILLER

Pour trouver la première trace d'un concours de bouffe entre gens sérieux, il faut se plonger dans la mythologie nordique du XIIIe siècle, quand les dieux Thor et Loki se rendent au palais du roi des géants. Challengé par le pote du roi, Utgard-Loki, Thor se fait ridiculiser dans pas moins de trois épreuves. Pour le venger, Loki annonce qu'il peut manger plus vite que n'importe qui. Face à lui se dresse alors Logi, une divinité qui s'installe de l'autre côté de la table. Quand Loki relève la tête, après avoir baffré son assiette, il ne peut que constater que Logi a non seulement bouffé toute la viande, mais s'est en outre permis le luxe d'avaler les os et l'assiette en bois. Plus tard, les dieux Nordiques comprennent la raison de leur défaite : Logi, qui signifie « feu » en vieux norrois, est en réalité « le plus vorace de tous les éléments ».

Trois questions à Notorious Bob, gros mangeur américain

Vous détenez de nombreux records du monde. Avec le recul, lequel d'entre eux vous rend le plus fier ?

Je pense que ce sont les 10,6 kilos de chaudrée de saumon, une sorte de soupe de poisson, que j'ai engloutis en six minutes. C'était en 2009. Beaucoup de gens ont tenté de s'attaquer à ce record depuis, mais ils ne s'en sont même pas approché. Sur le coup, j'étais heureux de ma performance, mais je ne réalisais pas encore la portée de l'exploit. Ce n'est que quand les journalistes se sont amassés autour de moi que j'ai compris ce que j'avais fait. En parallèle, j'ai établi des records du monde pour les spaghettis au chili, les frites, les pennes, le roast beef… Plus récemment je suis très satisfait des 409 *chicken wings* que j'ai avalées pour remporter le Wing Bowl de Philadelphie en 2017. Cela montre que je reste compétitif malgré mes 50 ans. Je suis un des compétiteurs les plus expérimentés, cela fait des décennies que je pratique ce sport avec succès. On ne se rend pas compte de la charge de travail et d'entraînement que ça implique. Quand j'ai commencé, l'adversaire typique, c'était le mec qui se goinfrait au buffet à volonté, mais désormais ce sont de vrais athlètes. Moi-même je cours dix kilomètres par jour et je fais très souvent de l'escalade.

Vous arrivez à en vivre ?

Oui, certains prix pour les tournois sont assez élevés. Mais globalement, ces récompenses ne représentent qu'une petite partie de mes revenus. Le plus gros de mon salaire provient des sponsors, j'en ai plein, je les fais apparaître sur ma chaîne YouTube. Ceux qui vivent vraiment des concours de bouffe, ils ne sont pas nombreux, il n'y a que Joey Chestnut et Takeru Kobayashi, les deux plus grosses stars de la discipline. Ce sont des gars qui font ça à temps plein. On pourrait comparer notre sport à l'athlétisme, dans le sens où de nombreux profils différents existent. En athlétisme, tu as le sauteur en hauteur, le coureur de 10 000 mètres, le sprinteur… C'est pareil chez nous : bouffer le maximum de hot-dogs pendant deux minutes, pendant dix minutes ou pendant quatre heures, ça n'a rien à voir, ça ne demande pas les mêmes qualités !

Manger sans retenue est une activité à risques, qui a déjà causé plusieurs morts tragiques. Vous n'avez pas peur pour votre santé ?

Non, car je suis un professionnel. Déjà, le fait que cela soit mauvais pour la santé n'est pas prouvé, c'est juste quelques médecins qui ont dit que c'était dangereux, mais les études ne sont pas très convaincantes. Moi, je suis régulièrement suivi par des professionnels et aucun ne s'inquiète pour ma santé. OK, c'est peut-être pas l'idéal, mais bon, si tu joues au basket, il y a un risque de se tordre la cheville. Pareillement, des enfants américains se noient tous les jours dans les piscines, doit-on pour autant interdire les gens d'en installer dans leur jardin ? Le véritable risque, c'est de vivre, tout simplement. Les gens qui sont morts lors des concours sont des amateurs qui essayaient de se prendre pour des mangeurs pros. Ils ne savent pas ce qu'ils font. Bien sûr, c'est terrible, et cela me pose souci car je sais que je peux inspirer certaines personnes malgré moi. Je n'ai aucun contrôle là-dessus.

« La goinfrerie est à la gastronomie ce que la muflerie est à la courtoisie. »

Pierre Dac,
humoriste français

Cocasse de gagner une ceinture quand même

La star

Surnommé « Jaws », en référence aux *Dents de la mer*, le Californien Joey Chestnut est la terreur de la discipline. De l'hamburger aux tacos, en passant par le cocktail de crevettes, rien ne l'arrête. Parmi ses records du monde les plus célèbres, on retrouve 188 *chicken wings* bouffées en 12 minutes, 141 œufs durs avalés en 8 minutes et 74 hot-dogs ingurgités en 10 minutes. Ce dernier record est intervenu en 2018, lors de sa onzième victoire au Nathan's Hot Dog Eating Contest, où il a détrôné l'ancienne star mondiale de la discipline, le Japonais Takeru Kobayashi. « L'idée de ce sport n'est pas de manger, mais de tester sa volonté et sa détermination », assure la bête de 35 ans, dont le poids fluctue entre 102 et 109 kilos. « Ces challenges me poussent à repousser les limites de mon corps et de mon esprit. »

Ce que cela nous apprend sur l'humanité

Dénoncée dans l'Ancien Testament, la gourmandise est répertoriée comme le septième péché capital de la religion catholique dès le IVe siècle. Sa cote n'augmente pas au Moyen Âge, où les théologiens l'assimilent à la gloutonnerie et la font remonter au péché originel. Dans *La Divine Comédie* de Dante, les gloutons se trouvent ainsi au troisième niveau de l'enfer, où ils sont condamnés à se vautrer dans de la boue. Il faudra attendre le XVIIe siècle pour que le pape Innocent XI précise que ressentir le plaisir de manger n'est pas une faute, si le mobile du repas est bon et digne. En France se développe dès lors une vision positive du gourmand, considéré comme un honnête homme. La gloutonnerie tend ainsi à se distinguer de la gastronomie, bientôt élevée au rang d'art par Brillat-Savarin.

Pourquoi c'est un sport

Les professionnels de la discipline s'astreignent à un entraînement rigoureux qui consiste à boire des dizaines de litres d'eau en peu de temps afin d'augmenter l'élasticité de leur estomac, qui est la clef du succès.

78

Pourquoi c'est un sport

Tout comme les épinards, les orties ont tendance à se coincer entre les dents.

DÉGUSTATION D'ORTIES

Dites au revoir à votre langue…

LES RÈGLES

L'objectif est de manger le maximum de feuilles d'orties crues en l'espace d'une heure. Le gagnant est celui qui laisse la plus grande longueur de tiges après dégustation. Pour tenter de se prémunir contre les piqûres, les feuilles sont trempées dans un gobelet de bière, roulées entre le pouce et l'index, puis mâchées et ingérées. Plaisir !

L'HISTOIRE

Depuis 1997, les championnats du monde se tiennent chaque année dans la ville de Marshwood, en Angleterre. Selon la légende, tout commence en 1986 dans l'auberge Bottle Inn, quand deux fermiers locaux se disputent pour savoir qui détient l'ortie la plus longue dans son champ. L'un des deux ramène une tige de 15 pieds et jure ses grands dieux que si quelqu'un en a une plus longue que la sienne (d'ortie, hein), il mange la différence. Quelques jours plus tard, un autre fermier en apporte une de 16 pieds. Le World Stinging Nettle Eating Championship était né !

Food Porn

La star

Avec 31,6 m d'orties ingérées, l'Anglais Philip Thorne, originaire du Devon, a pulvérisé le record du monde en 2018. Goulu, va !

LE CHIFFRE

40

Le nombre de participants courageux lors des championnats de 2016.

Ce que cela nous apprend sur l'humanité

Malgré son goût odieux, l'homme accorde à l'ortie de nombreuses vertus médicinales depuis l'Antiquité. Elle sert notamment à lutter contre l'hypertension artérielle, les aphtes buccaux ou l'acné.

Pourquoi c'est un sport

Sous l'eau, on est loin de la mêlée, et tout est très codifié niveau tactique. Les schémas classiques les plus utilisés sont le 3-3, le 2-2-2 ou le 1-3-2.

79

HOCKEY SUBAQUATIQUE

De la glace à l'eau

LES RÈGLES

Le jeu oppose deux équipes de six joueurs dans une piscine de 300 mètres carrés, pendant deux mi-temps qui durent de 10 à 15 minutes en fonction de l'âge. Le but est de progresser en apnée en poussant un palet pour faire entrer ce dernier dans les buts situés aux extrémités de la piscine. Les joueurs sont équipés d'un masque, d'un tuba, de palmes, d'un bonnet, d'un gant et d'une crosse.

L'HISTOIRE

Le hockey subaquatique a été inventé en Angleterre par Alan Blake au milieu des années 1950, avant d'apparaître en Afrique du Sud et aux États-Unis sous des formes très différentes. Il était au départ pratiqué avec des bouteilles de plongée et des crosses de hockey sur glace, mais ces dernières ont peu à peu disparu afin de gagner en vitesse et en maniabilité. Les règles se sont uniformisées dans les années 1980 et le sport n'a depuis cessé de se développer en se fédérant autour de la Confédération mondiale des activités subaquatiques (CMAS), où il est officiellement reconnu depuis 1978.

20 000 jeux sous les mers

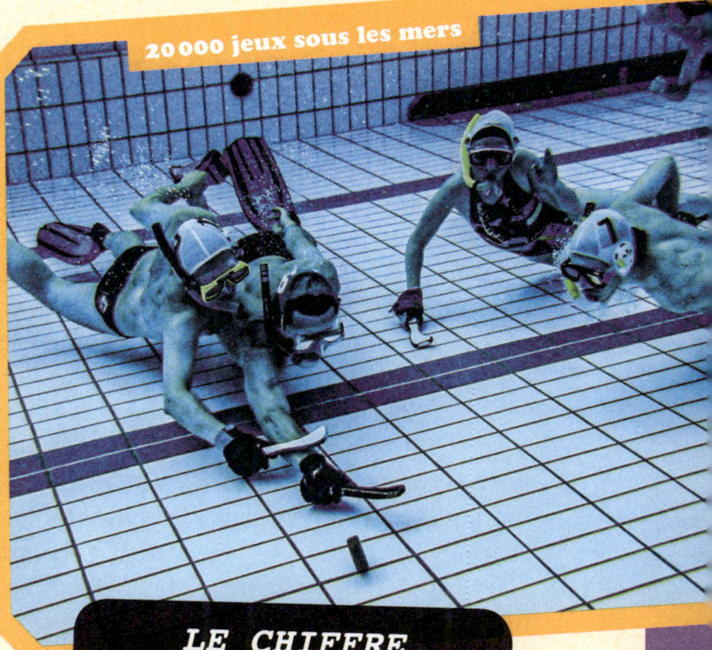

LE CHIFFRE

1,3 kg

soit le poids moyen du palet.

La star

Sacré champion du monde en 2006 avec la Nouvelle-Zélande, le créatif Taylor Benson a la particularité d'avoir donné son nom à une feinte où le palet passe sous le joueur bras tendu.

Ce que cela nous apprend sur l'humanité

Qu'il s'agit en réalité d'un vieux jeu polynésien, qui se pratiquait autrefois dans les lagons avec une palme de cocotier et une noix de coco lestée.

80

PLONGÉE SOUS GLACE

Pour ceux qui n'ont pas froid aux yeux

LES RÈGLES

Les compétitions diffèrent entre ceux qui tentent des records de distance, de durée ou de profondeur, et ceux qui réalisent des courses d'orientation avec check-points. Il y a aussi les apnéistes d'un côté, et ceux qui plongent avec bouteilles et scaphandres de l'autre. Dans les deux cas, la préparation est primordiale pour éviter les accidents, et la pratique est extrêmement codifiée. Une des règles essentielles reste de ne jamais plonger seul : il faut être relié à des assistants à la surface par une ligne de vie, afin de retrouver le trou creusé dans la glace, et avoir des plongeurs de secours, eux aussi harnachés, prêts à intervenir en cas de détresse.

L'HISTOIRE

Sport extrême, la plongée sous glace est dérivée des pratiques militaires. Durant leur formation, les plongeurs de l'armée sont en effet emmenés à naviguer sous l'eau dans des conditions difficiles, avec des limites de temps spécifiques.

Ce type d'entraînement est peu à peu devenu populaire chez les plongeurs récréatifs, et a fini par donner lieu à la création de championnats du monde. Outre les tentatives individuelles qui ont lieu chaque hiver, les seconds championnats du monde de nage sous glace se sont déroulés en 2017 dans la ville russe de Vladivostok. Ils ont attiré 28 trompe-la-mort venus du monde entier.

« Ce n'est pas un coup de froid qui me tuera. C'est d'avoir vécu. »

Willa Cather,
romancière américaine

Ce que cela nous apprend sur l'humanité

Confronté à des températures polaires, le corps humain protège en priorité les organes vitaux. Pour ce faire, il conserve un maximum d'afflux sanguin au centre du corps, au détriment du reste. Messieurs, c'est pourquoi votre zizi rétrécit.

On aurait préféré l'ignorer

En mars 2011, un plongeur suisse de 42 ans s'était fixé le défi de nager près de 50 mètres entre deux trous percés dans le lac gelé de Davos, en Suisse. Sa performance était censée durer moins de vingt secondes, mais il n'est jamais remonté à la surface.

P'tite baignade à la fraîche

L'ANECDOTE POUR BRILLER

La freediveuse Chloé Villaume s'est récemment distinguée dans l'eau glacée du lac de Päijänne en plongeant vêtue d'un simple bikini.

La star

En mars 2017, le Français Arthur Guérin-Boëri a battu le record du monde de nage en apnée sous glace. Dans les eaux du lac de Sonnanen, en Finlande, il a parcouru 175 mètres sous les encouragements de plus de 800 personnes.

LE CHIFFRE

75 mètres

soit le record de profondeur atteint par le Néo-Zélandais Ant Williams en mars dernier.

Pourquoi c'est un sport

En cas de problème, les athlètes paniqués peuvent parfois rester piégés sous une couche de glace épaisse de plusieurs centimètres quand ils tentent de remonter à la surface. Cela vous suffit ?

81

CONCOURS DE GRIMACES

Faites-vous le plus laid possible

LES RÈGLES

Chaque candidat enroule son visage dans un collier d'épaule (comme pour les chevaux), puis exécute la grimace la plus laide possible sous les yeux du jury. « Ce qui compte, c'est le degré avec lequel tu réussis à modifier ta figure », explique Steve Foster, le directeur de l'évènement. « Si tu es moche à l'origine et que tu deviens seulement un petit peu plus moche, ce n'est pas aussi bien que si tu es beau au départ et que tu transformes ton visage en quelque chose d'horrible. »

L'HISTOIRE

Située à la frontière de l'Écosse, la petite cité minière d'Egremont est le théâtre annuel du World Gurning Championship. Ce concours de grimaces est le point d'orgue de l'Egremont Crab Fair, une des foires les plus anciennes du globe, organisée depuis 1267. Personne ne sait exactement quand a commencé le concours de grimace, mais ce dernier était déjà décrit en 1852 par un journal local, *The Cumberland Paquet*, comme une tradition ancienne de l'Angleterre rurale.

« Il était si laid que, lorsqu'il faisait des grimaces, il l'était moins. »

Jules Renard,
écrivain français

Ce que cela nous apprend sur l'humanité

Avez-vous déjà remarqué ces visages hideux ou grotesques qui figurent sur les temples, les tombeaux, les marteaux de portes ou les arcs de fenêtres ? On les appelle les « mascarons ». Ces ornements représentent une figure humaine, souvent effrayante, dont la fonction première est d'éloigner les mauvais esprits.

Samedi soir, 22 heures

Samedi soir, minuit

Dimanche matin

L'ANECDOTE POUR BRILLER

Le mot « grimace » vient à l'origine du francique « *grima* » qui signifie « *masque* », dont sont issues deux lignées de mots. L'une liée à la magie, dont est tiré le mot « *grimoire* », et l'autre aux expressions faciales, dont est tiré le verbe « *grimer* ». Alain Rey le savait déjà, c'est pour les autres.

On aurait préféré l'ignorer

Dans le dessin animé *Le Bossu de Notre-Dame* (1996), le malheureux Quasimodo remporte un concours de grimaces sans le vouloir.

La star

Légende vivante, le Britannique Tommy Mattinson a remporté seize fois le titre chez les hommes depuis 1987 en proposant toujours la même mimique, à mi-chemin entre « le loup-garou et l'alien ». Il a ainsi effacé des tablettes le précédent record détenu par son père Gordon Mattinson, qui a trusté 10 titres de champion du monde entre 1967 et 1977. Une affaire de famille.

LE CHIFFRE

28

Le nombre de titres remportés par la Britannique Anne Woods depuis 1978.

Pourquoi c'est un sport

Parce que Peter Jackman, le champion du monde 1998, s'est fait retirer toutes ses dents volontairement afin de libérer l'espace nécessaire pour remonter sa mâchoire jusqu'au nez. Tout pour la gagne.

82

TIR DE PETITS POIS

Le rendez-vous incontournable des snipers amateurs

Acné

LES RÈGLES

Les concurrents visent une cible traditionnelle de 30 centimètres de large maculée de mastic, à une distance d'environ 3,65 m. Ils ont le droit à la technologie de leur choix pour améliorer leur arme, tant que le tir est propulsé par la bouche. Ce qui donne concrètement des sarbacanes 2.0.

L'HISTOIRE

Les championnats du monde de tir de petits pois se déroulent chaque année depuis 1971 dans le village de Witcham, en Angleterre. D'abord confidentielle, la compétition connaît une renommée grandissante et attire désormais des candidats venus des États-Unis, du Canada, de France, d'Espagne et de Scandinavie. À l'origine, l'épreuve a été conçue par le directeur de l'école du village, John Tyson, afin de financer la construction d'une salle des fêtes. Ce dernier a donné son nom au bouclier sur lequel est inscrit chaque année le nom du champion.

La star

En dépit d'une féroce concurrence, la Britannique Michelle Berry a marqué l'histoire en 2017 en devenant la première femme à remporter le tournoi quatre fois d'affilée.

LE CHIFFRE

8

Le nombre de titres remportés par la légende Mike Fordham entre 1977 et 1992.

Ce que cela nous apprend sur l'humanité

Traditionnellement, les petits pois sont préparés « à l'anglaise » ou « à la française ». À l'anglaise, ils sont cuits dans de l'eau salée, égouttés, puis mélangés avec du beurre et de la menthe. À la française, ils sont cuits à l'étuvée avec des petits oignons et de la laitue, puis liés avec du beurre ou de la crème au moment de servir.

American Sniper

On aurait préféré l'ignorer

Triple champion du monde, le bedonnant Ian Ashmeade a sorti un bouquin sur l'histoire de la discipline intitulé *It's Only Pea Shooting*. Foncez vous le procurer, il ne coûte que 32 $.

L'ANECDOTE POUR BRILLER

Au XVIIIe siècle, on raffolait tant de ce légume qu'on allait jusqu'à tailler en forme de petit pois les pointes d'asperges. Fallait bien s'occuper avant Netflix.

« Le talent, c'est le tireur qui atteint un but que les autres ne peuvent toucher ; le génie, c'est celui qui atteint un but que les autres ne peuvent même pas voir. »

Schopenhauer,
philosophe allemand

Pourquoi c'est un sport

La pratique de la sarbacane a des effets bénéfiques sur la santé. Elle renforce les muscles pectoraux et les abdominaux, en plus d'améliorer la respiration et l'oxygénation du sang #Mimi-Siku

83

ONBASHIRA

Le festival le plus dangereux au monde

LES RÈGLES

Il s'agit de transporter d'immenses troncs d'arbres vers un temple sacré, le long d'un parcours de plusieurs kilomètres. Aucun recours à l'aide mécanique n'est autorisé, ce qui force les participants à travailler en équipe. Au cours de la procession, le moment le plus attendu et le plus dangereux est le fameux ki-otoshi, que l'on peut traduire par « chute d'arbre » : les troncs dévalent une pente abrupte, chevauchés par des hommes désireux de montrer leur courage.

Attention à la mouuuuusse !

L'HISTOIRE

Cela fait plus de douze siècles que l'onbashira, ou festival des « piliers célestes », se déroule tous les six ans dans la ville de Suwa au Japon. Le but de l'événement est de procéder symboliquement à la renaissance des temples Shinto de Suwa-taisha. L'onbashira dure plusieurs mois et consiste en deux segments. Le premier, intitulé Yamadashi, a lieu en avril et concerne la coupe et le transport des troncs. En mai, la deuxième phase, celle qu'on attend tous, la Satobiki, consiste en une cérémonie finale où les piliers sont remplacés.

L'ANECDOTE POUR BRILLER

Selon la légende, le Suwa Daimyōjin serait apparu au général Sakanoue no Tamuramaro, parti en campagne des 791 pour réprimer des révoltes indigènes dans le nord-est du Japon. À la suite de son succès, l'empereur Kanmu décréta l'instauration de diverses cérémonies religieuses au sanctuaire de Suwa, pour honorer la providentielle divinité. L'onbashira était né.

Pourquoi c'est un sport

On ne parle pas de vulgaires sapins. Sélectionnés avec soin, les arbres mesurent en moyenne 20 mètres de long et pèsent jusqu'à 12 tonnes.

On aurait préféré l'ignorer

Plusieurs éditions du festival ont été entachées par des morts tragiques, soit par noyade dans la rivière, soit par chute pendant l'élévation des arbres. Ce fut notamment le cas en 1980, 1986, 1992, 2010 et 2016. Ce qui en fait probablement le festival le plus dangereux du monde. C'est autre chose que We Love Green, hein.

« Chaque homme est responsable de sa religion. »

Gandhi,
guide spirituel indien

La star

Le dieu vénéré ici s'appelle Takeminakata. Parfois surnommé Suwa Daimyōjin, il est considéré comme une divinité du Vent, de l'Eau, de la Chasse, de l'Agriculture et de la Guerre. Un homme complet donc.

LE CHIFFRE

500 000

Le nombre de spectateurs qui assistent en moyenne à la cérémonie.

DiCaprio dans *Titanic*, un classique

Ce que cela nous apprend sur l'humanité

Mélange de polythéisme et d'animisme, la religion shinto n'a aucun fondateur, aucune doctrine commune et pas de texte religieux. Cela ne l'empêche pas d'être pratiquée assidûment par plus de 90 millions de personnes au Japon.

84

CHEESE ROLLING

Un aller simple pour l'hôpital

LES RÈGLES

Les participants dévalent une colline en courant derrière un double Gloucester d'environ 3,5 kilos. La première personne à franchir la ligne d'arrivée remporte le fromage. Cependant, si un des concurrents parvient à attraper le fromage, ce qui est extrêmement rare, c'est lui qui est déclaré vainqueur. C'est ce qui est arrivé en 2013 à l'Australien Caleb Stalder, qui a profité d'un rebond favorable pour s'emparer du précieux.

L'HISTOIRE

Désormais mondialement célèbre, la Cooper's Hill Cheese-Rolling and Wake se déroule chaque année au mois de mai sur une colline de Brockworth, un petit village près de Gloucester. Elle attire un public nombreux, composé de plusieurs milliers de personnes, mais compte seulement une cinquantaine de participants chaque année. Les origines de l'événement sont floues. Certains racontent que la course date de l'époque romaine, d'autres supposent qu'elle serait un rite païen censé célébrer le retour du printemps. Ce que l'on sait de source sûre, c'est que cela fait au moins deux siècles que la compétition a lieu chaque année, comme l'atteste un message écrit au crieur public de Gloucester en 1826, qui parle déjà d'une tradition ancienne. Néanmoins, l'existence de la course a été remise en cause ces dernières années par les autorités locales à cause de son caractère extrêmement dangereux.

Aïeuuuh !

Pourquoi c'est un sport

Routinières, les blessures vont de la cheville foulée aux os brisés. En 2005, la quatrième course de la journée avait même dû être retardée le temps que les ambulances reviennent de l'hôpital, car elles avaient toutes été réquisitionnées lors de la course précédente.

Premier jour des soldes

« Un dessert sans fromage est une belle à qui il manque un œil. »

Jean Anthelme Brillat-Savarin,
gastronome français.

La star

Avec un fantastique total de 21 victoires, l'Anglais Chris Anderson, âgé de 30 ans, règne en maître sur la discipline. Malheureusement pour lui, ce militaire dans le civil n'aime que le cheddar.

LE CHIFFRE

110 km/h

La vitesse que peut atteindre le fromage lancé dans la pente. Prends ça Usain Bolt !

L'ANECDOTE POUR BRILLER

En 2004, c'est l'ancien rugbyman néo-zélandais Marc Ellis qui a remporté la compétition. Vraiment balèzes, ces All-Blacks.

On aurait préféré l'ignorer

En 1997, un spectateur fut blessé par le fromage.

Ce que cela nous apprend sur l'humanité

Que finalement les Anglais aiment encore plus le fromage que nous.

Pourquoi c'est un sport
Parce que le *Oxford English Dictionary* dit que c'en est un depuis 2001.

ZORBING

Attention à ne pas perdre la boule

LES RÈGLES

Le zorbing est un sport extrême qui consiste à dévaler une pente herbeuse ou enneigée dans une sphère plastique appelée *zorb ball*. Mais il est aussi possible de marcher dedans comme un hamster dans sa cage, de s'harnacher à l'intérieur pour subir les rotations ou bien simplement de se laisser tracter par un jet-ski. Dans tous les cas, les sensations fortes sont garanties, et le mal de crâne assuré.

L'HISTOIRE

La sphère a été inventée en 1974 puis brevetée six ans plus tard par l'architecte français Gilles Ebersolt sous le nom de « ballule », avant d'être copiée et promue en Nouvelle-Zélande sous le nom de *zorb ball* dès 2001. Depuis, plusieurs compétitions ont été organisées, des records du monde sont tombés, même si l'usage reste avant tout récréatif. Consécration ultime, la *zorb ball* a été élevée au rang de symbole des JO d'hiver de Sotchi en 2014.

On aurait préféré l'ignorer

Le 3 janvier 2013, un accident de zorbing a causé la mort d'une personne à la station de ski de Dombai, dans le Caucase russe, après que la boule dévié de sa trajectoire initiale pour s'écraser au bas d'une falaise.

Dans ma bulle, comme Diam's

La star

Dans le film *Opération Condor* (1991), l'immense Jackie Chan descend une colline au moyen d'une ballule.

LE CHIFFRE

52 km/h

soit le record de vitesse atteint par la Néo-Zélandaise Rebecca Mazonson. I'm a Rocketwomaaan!

Ce que cela nous apprend sur l'humanité

Que Gilles a les boules.

Pourquoi c'est un sport

En une seule séance, un habitué peut brûler 580 calories et perdre plus d'un litre de sueur, soit trois fois plus qu'au cours d'une journée normale. Plus besoin d'aller à la salle pour l'opération « Bikini Body ».

86

CHAMPIONNATS DU MONDE DE SAUNA

Chaud devant !

LE CHIFFRE

130

Le nombre de candidats originaires de quinze pays qui ont participé aux championnats du monde en 2010.

LES RÈGLES

Elles sont simples, mais spectaculaires : il s'agit de tenir le plus longtemps possible dans une cabine chauffée à 110 degrés. De l'eau est ajoutée dans la chaufferie toutes les 30 secondes pour corser l'addition. La dernière personne qui reste l'emporte.

La star

En 2008, le Finlandais Bjarne Hermansson est resté 18 minutes et 15 secondes dans la fournaise, pulvérisant de près de 6 minutes l'ancien record du monde détenu par le malheureux Timo Kaukonen.

L'ANECDOTE POUR BRILLER

Pendant longtemps, les femmes finlandaises avaient pour habitude d'accoucher dans les saunas en raison de l'hygiène naturelle qui y règne.

L'HISTOIRE

Organisée depuis 1998 à Heinola, une petite ville située à environ 140 kilomètres au nord d'Helsinki, cette compétition hors du commun a rapidement connu un grand succès, attirant chaque année des milliers de spectateurs. Malheureusement, le concours a été suspendu par les organisateurs en août 2010, à la suite d'un terrible drame : le Russe Vladimir Ladyjensky et le Finlandais Timo Kaukonen ont été victimes d'un accident : après six minutes dans le sauna, les deux concurrents se sont évanouis. Sévèrement brûlé au troisième degré, le Russe est décédé sur place, tandis que le Finlandais a survécu à six semaines de coma. L'enquête de police a montré que Ladyjensky avait utilisé un anesthésique local et des analgésiques pour masquer la douleur.

Ce que cela nous apprend sur l'humanité

Tradition sociale et familiale, le sauna est une institution en Finlande. Le pays compte près de 3 millions de cabines pour un total de 5,3 millions d'habitants.

87

MOSQUITO KILLING

Une pratique d'intérêt public ?

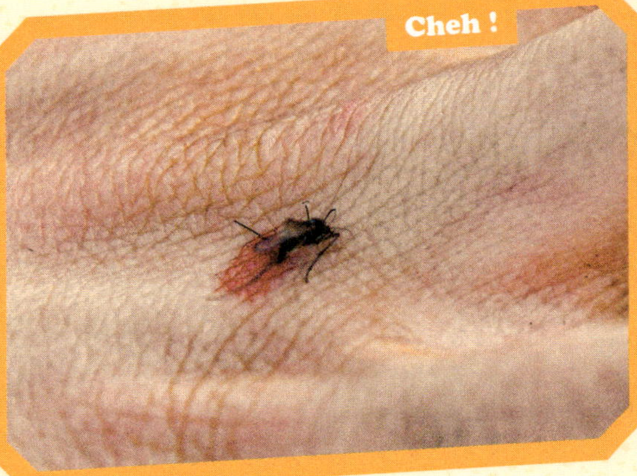
Cheh !

LES RÈGLES

Un par un, les chasseurs, généralement vêtus de noir, sont invités à progresser le long d'un rang d'arbustes infestés de moustiques. Leur mission ? En tuer le maximum en quinze minutes. Le tout sans insecticide, bien entendu. Pour le reste, tous les coups sont permis.

L'HISTOIRE

C'est la petite ville lapone de Pyhätunturi, en Finlande, qui a inauguré le concept dès 1993 avec des manches de cinq minutes, mais tout s'est arrêté en 1999. Depuis 2015, une compétition encore plus ambitieuse est organisée à Övertorneå, en Suède. Elle décerne au champion du monde un prix de 10000 couronnes, soit environ 1150 euros – ce qui crée des vocations.

LE CHIFFRE

600

Le nombre total de moustiques écrasés par les participants en 2016.

Pourquoi c'est un sport

Outre les centaines de piqûres qu'il faut endurer, les participants s'échauffent avant leur passage afin de suer à grosses gouttes afin d'attirer les insectes. Les plus motivés évitent même de se laver pendant plusieurs jours.

C'est l'éclate, cette soirée

On aurait préféré l'ignorer

Les pays scandinaves sont chaque été envahis par des dizaines de milliers de moustiques agressifs qui font subir aux locaux un véritable calvaire.

La star

Avec un record personnel de 135 moustiques écrasés, le Suédois Kristoffer Ekersund est double champion du monde. Il reste immobile et laisse les moustiques venir à lui, avant de leur ôter la vie d'un coup sec.

« Il est plus utile de tuer des moustiques que de faire l'amour. »

Mao Zedong,
dictateur chinois

Ce que cela nous apprend sur l'humanité

Que notre indignation est à géométrie variable puisque les associations de défense des droits des animaux ne se sont pas encore manifestées.

Le logo Ralph Lauren super vénère

88

PALIO

Qui fera sienne la victoire ?

LES RÈGLES

Le palio est une course de chevaux. Chacun des 10 cavaliers représente un des 17 quartiers de la ville de Sienne, en Italie. Après trois tours de piste, le vainqueur est le premier cheval à terminer la course, avec ou sans cavalier. Autre subtilité, le perdant est le quartier qui finit deuxième, et non pas dernier. Le vainqueur reçoit un drapeau en soie peinte, appelée *palio*, qui procure la protection de la Vierge Marie.

L'HISTOIRE

Le palio est un concours entre quartiers voisins d'une cité. Le plus connu est celui de Sienne qui se tient deux fois par an sur la Piazza del Campo, longue de 333 mètres, et qui consiste en une course de chevaux montés à cru. L'origine de ce type de manifestation remonte au Moyen Âge, mais le sport ne s'est véritablement codifié qu'au XIXe siècle. Le palio reste encore aujourd'hui une tradition très ancrée dans beaucoup de villes italiennes.

Jappeloup

LE CHIFFRE

80 secondes

La durée moyenne de la course.

La star

Haut de 1,62 m pour 58 kilos, le mercenaire Giuseppe Pes, originaire de Sardaigne, s'est imposé huit fois dans cette course mythique en vendant son talent au quartier le plus offrant.

Pourquoi c'est un sport

Les cavaliers ont le droit de se servir de leur cravache pour frapper leurs concurrents.

« La plus noble conquête que l'homme ait jamais faite est celle de ce fier et fougueux cheval, qui partage avec lui les fatigues de la guerre et la gloire des combats. »

Georges-Louis Leclerc de Buffon,
naturaliste français

On aurait préféré l'ignorer

En août 2004, le cheval de la Contrada del Bruco est mort piétiné lors d'une chute, provoquant différentes plaintes de ligues de protection des animaux.

Ce que cela nous apprend sur l'humanité

Le terme *palio* désignait à l'origine la pièce d'étoffe précieuse portée par les Romains au-dessus de leur tunique. Offerte au vainqueur de la course, elle a fini par désigner l'ensemble des rituels et des coutumes étroitement rattachés à la course.

89

CHESSBOXING

Les batailles se mènent sur le ring, les guerres sur l'échiquier

LES RÈGLES

Très spectaculaire, le chessboxing est un sport hybride qui mélange deux pratiques en apparence opposées : la boxe anglaise et les échecs. Lors d'un match, deux participants s'affrontent pendant onze rounds de trois minutes avec une alternance entre les deux disciplines. Tous les matchs commencent par un round d'échecs, joué à cadence rapide sous la forme d'un « blitz », avec un échiquier placé au centre du ring.

On aurait préféré l'ignorer

Au moment de s'asseoir devant l'échiquier, des casques diffusant du heavy metal sont posés sur les oreilles des combattants, afin d'éviter que les cris du public ne les déconcentrent. Est-ce vraiment mieux ?

Pendant la pause d'une minute qui sépare chaque round, ce dernier est ensuite enlevé pour laisser place à la boxe. La victoire s'obtient le plus souvent par échec et mat ou par K.-O., mais il est aussi possible de perdre à cause du temps aux échecs, chaque joueur étant crédité de neuf minutes, ou par arrêt de l'arbitre à la boxe.

L'HISTOIRE

Si ses origines conceptuelles sont antérieures, le chessboxing a été inventé et popularisé dans sa forme actuelle par le performer néerlandais Iepe Rubingh. Ce dernier a organisé le premier match de l'histoire à Berlin en 2003, avant de fonder dans la foulée la World Chess Boxing Organization. Lors des premiers championnats du monde qui se sont déroulés à Amsterdam, Iepe est devenu le premier champion du monde de l'histoire en battant son compatriote Jean Louis Veenstra lors du onzième round. Cherchant sans relâche à médiatiser la discipline, il crée par la suite à Berlin le Chess Boxing Club, qui rencontre un succès croissant auprès des Allemands. Depuis, le sport n'a cessé de se développer à l'étranger, acquérant toujours plus de popularité dans des pays comme la Grande-Bretagne, la Russie ou l'Inde.

Da mystery of chessboxin' (Wu Tan Clan)

L'ANECDOTE POUR BRILLER

Dans le film *Mystery of Chessboxing*, réalisé par Joseph Kuo en 1979, le héros Ah Pao cherche à venger la mort de son père, tué par le Ghost Faced Killer, un spécialiste du style des cinq éléments. Il se tourne alors vers un vieux maître de xiangqi, un jeu de société plus communément appelé « échecs chinois », nommé Chi Sue Tin. Ce dernier enseigne à Ah Pao les liens stratégiques qui unissent les échecs et le kung-fu. À la fin du film, le duo fait équipe pour terrasser l'ennemi en utilisant le style des deux cavaliers. C'est ce film qui inspira plus tard le célèbre groupe de rap Wu Tang clan.

LES CHIFFRES

8 000
licenciés dans le monde.

11
fédérations nationales.

Ce que cela nous apprend sur l'humanité

À l'origine, le chessboxing est né de l'imagination fertile de l'auteur français de bandes dessinées Enki Bilal. En 1992, dans *Froid Équateur*, le dernier volet de sa trilogie *Nikopol*, il met en scène un combat sanglant, qu'il situe en 2034, dans une métropole déshumanisée et corrompue. « Tout naturellement, le chessboxing m'est apparu comme le meilleur évaluateur de l'excellence de l'humain », racontait-il en 2013. D'un côté, la force brute et animale de la boxe, de l'autre, la finesse suprême de l'intelligence, à savoir le jeu d'échecs. » Dans la version dessinée, cependant, les adversaires disputent un match de boxe en entier avant de s'affronter sur l'échiquier.

Trois questions à Thomas Cazeneuve, champion du monde de chessboxing

Les chessboxeurs sont plutôt des boxeurs qui se mettent aux échecs ou l'inverse ?

Je dirais 50/50. Personnellement j'ai commencé les échecs à 4 ans et je fais du kick-boxing depuis mes 15 ans. J'ai basculé vers la boxe anglaise il y a plus de trois ans maintenant. Ce sont deux sports que je trouve très similaires : ils sont nobles, chargés d'histoire et véhiculent le respect de l'adversaire. Dans les deux cas, il faut faire preuve de stratégie, d'anticipation, de lucidité. C'est un combat avec la personne en face, un duel. « Il n'y a pas de sport plus violent que les échecs », disait Kasparov. Je trouve que c'est l'alliance parfaite.

Pour gagner, tu t'inspires davantage de Mike Tyson ou de Garry Kasparov ?

Je passe mon temps à courir sur le ring, à esquiver l'adversaire, avant de jouer agressif sur l'échiquier. En moyenne, les combats se terminent à 60 % sur l'échiquier et à 40 % sur le ring. Du coup, ces deux champions seraient redoutables, mais je préférerais tout de même affronter Garry Kasparov !

Parle-nous de ton titre de champion du monde en - 66 kilos.

Ah ! C'est un rêve qui s'est réalisé. Je me suis battu et entraîné dur pour réussir. Dans ma vie de tous les jours rien n'a changé, si ce n'est que je dors avec ma médaille, mais ce fut une immense joie et surtout un accomplissement personnel. Je n'oublierai jamais ce jour ! Maintenant, mon prochain défi, c'est de vivre du chessboxing. Pour l'instant c'est compliqué, car le sport n'est pas encore très médiatisé, mais il est en plein essor donc j'ai bon espoir. Vous me verrez bientôt sur vos plateaux télévisés !

Pourquoi c'est un sport

Le chessboxing demande une transition brutale entre la réflexion et l'action, et demande une quête de lucidité qu'on ne retrouve dans aucune autre discipline.

« Il faut prier afin d'obtenir un esprit sain dans un corps sain. »

Juvénal,
poète de la Rome antique

Le nouveau *Creed*, bientôt en salle

La star

Surnommé « Siberian Express » ou « le Patron », le Russe Nikolay Sergeevich Sazhin a remporté son premier titre mondial en 2008, à l'âge de 19 ans. Redoutable cogneur, il s'appuie pour triompher sur son passé de boxeur amateur, qui l'a vu disputer 95 combats pour 85 victoires. Mais cet ancien étudiant en mathématiques sait aussi se montrer cérébral. Aux échecs, il cumule pas moins de 2005 points au classement ELO, un niveau qui lui permet le plus souvent d'achever les adversaires qu'il n'a pas déjà mis K.-O.

90

Pourquoi c'est un sport

Il suffit de regarder les visages des malheureux participants pour le comprendre.

ANT-NEST SITTING

Pour ceux qui en ont ras-le-cul des fourmis

Philippe, OKLM

LES RÈGLES

Rien de très élaboré puisqu'il s'agit de baisser son pantalon et de s'asseoir les fesses à l'air sur une fourmilière géante. Celui qui résiste aux morsures et reste assis le plus longtemps gagne.

L'HISTOIRE

Encore une fois, ce sport complètement déjanté nous vient de Finlande. À défaut de championnats du monde en bonne et due forme, plusieurs compétitions locales sont organisées chaque été sur le territoire, quand les fourmis n'hibernent plus. La pratique fait partie de la tradition nationale et peut même être considérée comme un hobby lorsqu'on est porté sur les soirées arrosées et les défis alcoolisés.

On aurait préféré l'ignorer

Il n'y a pas de récompense à part le droit de se la péter devant ses amis. Après, c'est vrai que ça claque de raconter ça en soirée.

LE CHIFFRE

10 millions de milliards

Le nombre estimé de fourmis sur Terre. Le poids d'une seule ne dépasse pas les 10 milligrammes, mais leur masse cumulée dépasserait celle de l'humanité #funfact.

La star

À ce jour, le plus grand performer mondial est un quinquagénaire finlandais du nom de Lyde Lyytikäinen, qui collectionne des dizaines milliers de vues sur YouTube et est même passé à la télé pour montrer ses prouesses. Son record ? Deux heures et dix minutes. Chapeau l'artiste.

Ce que cela nous apprend sur l'humanité

Que décidément certains petits coquins adorent se faire bouffer le cul !

Pourquoi c'est un sport

Parce que la discipline est officiellement reconnue par le *World Guinness Book of Records*.

91

CRACHER DE NOYAU DE CERISE

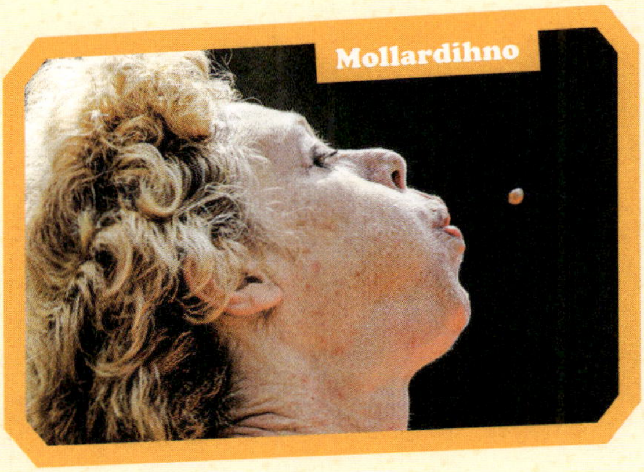

Comment joindre l'inutile à l'agréable

LES RÈGLES

Ce n'est pas compliqué : il s'agit ici de manger une cerise, d'en garder le noyau dans sa bouche, puis de l'éjecter le plus loin possible. Chaque participant a droit à trois essais.

L'ANECDOTE POUR BRILLER

Comme le veut la tradition depuis 1932, un cageot des premières cerises de l'année, récoltées au mois de mars à Céret, est envoyé chaque année au président de la République. Mais on ne sait pas ce qu'il fait des noyaux ensuite.

LE CHIFFRE

28,51 m

L'actuel record du monde établi en 2004 par l'Américain Brian Krause.

L'HISTOIRE

Ce sport est apparu en 1974, grâce à Herb Teichman. Propriétaire de l'une des plus grandes exploitations de fruits du Michigan, il se demande quoi faire des noyaux de cerise inutiles. Créatif, il décide de mettre sur pied chaque juillet, au début de la récolte, un concours, le Cherry Pit-Spitting Championship, qui connaît un franc succès et s'exporte même au fil des années. Il n'existe pas de ligues professionnelles, mais des concours très respectés sont aujourd'hui organisés à Düren (Allemagne) et à Céret (France).

La star

Toute la famille de l'actuel recordman du monde, Brian « Young Gun » Krause, envoie du lourd. Son père, Rick « Pellet Gun » Krause, pèse 17 titres, sa mère, Marlene « Machine Gun » Krause, a remporté les derniers championnats féminins, tandis que son frère Matt « BB Gun » s'est imposé en 2013 avec un jet à plus de 12 mètres.

« Quand tu as bien sucé la cerise, ne regrette pas le noyau. »

Proverbe provençal

Ce que cela nous apprend sur l'humanité

Comme le dit si bien Herb Teichman, le cracher de noyau est « une démonstration mondiale que l'alimentation saine, la respiration profonde et l'exercice physique peuvent être accomplis simultanément avec une perte minimale de dignité ».

92

COURSE DE TONDEUSES À GAZON

Tant qu'il y a pelouse, il y a match (expression entendue dans tous les bons PMU)

Ricky Bobby, roi du circuit

LES RÈGLES

Elles varient selon les circuits, les pays et les compétitions. Les deux constantes sont que les tondeuses à gazon sont modifiées, ou « pimpées », comme dirait le rappeur Xzibit, et que les lames sont enlevées par mesure de sécurité.

L'HISTOIRE

Ce sport a été inventé en 1973, en Angleterre, quand, dans un pub du Sussex, un ancien copilote de rallye nommé Jim Gavin et son groupe de potes ont commencé à se plaindre du coût des sports automobiles autour de quelques pintes. En regardant par la fenêtre, ils ont alors remarqué les nombreux jardins et se sont dit : «Tout le monde a une tondeuse à gazon.» Ils ont alors organisé une course locale à laquelle plus de 80 candidats ont participé. La British Lawn Mower Racing Association était née. La discipline s'est ensuite importée en France à la fin des années 1980, puis aux États-Unis à partir de 1992.

La star

Surnommé « le Champion sans couronne », l'ancien pilote de formule 1 Stirling Moss n'a jamais gagné le moindre titre mondial malgré son talent. Il s'est cependant vengé sur le tard en remportant deux des courses les plus prestigieuses de tondeuses à gazon, à savoir le British Grand Prix et la course d'endurance de 12 heures.

Ce que cela nous apprend sur l'humanité

En 1830, l'ingénieur textile Edwin Beard Budding, originaire de Gloucester, invente la tondeuse à gazon. Cette dernière va rapidement connaître un succès immense, car elle est concomitante de l'essor des jardins à l'anglaise et de l'invention de sports comme le cricket, le football, le rugby ou le golf, qui nécessitent d'amples pelouses bien taillées.

On aurait préféré l'ignorer

Organisé en octobre 1989 en France, le premier championnat d'Europe de course de tondeuses à gazon, qui regroupa plus de 50 participants et 2 000 spectateurs, fut entaché par un accident qui fit deux blessés.

La team Frisson, toujours bien chaude

LE CHIFFRE

570,5 km

soit la distance record parcourue en 12 heures lors de la course d'endurance qui se tient près de Wisborough Green depuis 1978.

L'ANECDOTE POUR BRILLER

Chaque année, 69 Américains sont tués par des tondeuses à gazon. Ces dernières sont beaucoup plus meurtrières que la foudre, qui chaque année électrocute mortellement 31 Américains.

« Mon voisin m'a demandé s'il pouvait m'emprunter ma tondeuse. Je lui ai dit qu'il pouvait… tant qu'il ne la sortait pas de mon jardin. »

Eric Morecambe,
humoriste anglais

Pourquoi c'est un sport

Parce que la discipline a l'honneur d'avoir un jeu vidéo sur PC baptisé *Lawnmower Racing Mania 2007*. Prends ça *Gran Turismo* !

93

ULTIMATE TAZER BALL

Pour ceux qui n'ont pas l'électricité à tous les étages

LES RÈGLES

Pendant deux heures, entrecoupées de trois pauses de vingt minutes, deux équipes de quatre personnes s'affrontent pour envoyer un gros ballon au fond des filets adverses. Là où ça se corse, c'est qu'en plus de s'envoyer des tampons comme au foot US, les joueurs sont munis d'un pistolet à impulsion électromagnétique qu'ils peuvent utiliser dans les surfaces de réparation, appelées « shock-zone », pour mettre hors d'état de nuire le joueur en possession du ballon.

Oui, c'est violent. De fait, tous les participants doivent présenter un certificat médical et sont obligés de se pointer au match accompagnés d'un proche en cas de blessure grave.

L'HISTOIRE

Début 2012, l'Ultimate Tazer Ball naît de l'imagination fertile de trois Californiens nommés Leif Kellenberger, Erik Wunsch et Eric Prumm et avides de sports extrêmes. Le premier tournoi est disputé en mars 2012 à Bangkok, en Thaïlande, et oppose les Philadelphia Killawatts, les Spartans de San Diego, les LA Nightlight et les Toronto Terror. Le buzz est immédiat, malgré les critiques. Mais, depuis 2015, la discipline est en perte de vitesse.

Attention, ça picote

Pourquoi c'est un sport

En moyenne, chaque joueur encaisse quarante décharges par match, ce qui force le respect.

L'ANECDOTE POUR BRILLER

Les aventures de Tom Swift, écrites par Victor Appleton, mettent en scène un jeune inventeur de génie dont plusieurs créations ont finalement vu le jour dans la réalité. Dans *L'Enfant à la mitraillette* publié en 1911, Tom invente un pistolet à impulsion électrique qui donnera soixante ans plus tard naissance au Taser, acronyme de Thomas A. Swift Electric Rifle.

« Nos vies ne sont que d'obscurs intermèdes dans les grands jeux électriques de Dieu le Père. »

Eugène O'Neill,
prix Nobel de littérature en 1936

Avec le ballon de la Champion's League

LE CHIFFRE
50 000 volts
soit la décharge des pistolets utilisés.

On aurait préféré l'ignorer
Apparemment, lorsqu'une personne est touchée à l'abdomen à moins d'un mètre de distance, la paralysie musculaire induite peut provoquer une défécation immédiate. Surpriiiiise !

La star

En 1976, dans le troisième volet des aventures de l'inspecteur Harry, interprété par Clint Eastwood, le groupe extrémiste La Force du peuple utilise un Taser pour kidnapper le maire de San Francisco. Précurseurs.

Ce que cela nous apprend sur l'humanité
Que le Taser est accusé par Amnesty International d'être responsable d'au moins 500 décès aux États-Unis depuis sa mise en service, une affirmation vivement contestée par la société.

94

CHAMPIONNATS DE MONDE DE BARBE ET DE MOUSTACHE

Un sport qui n'a rien de rasoir (Jean Bloguin, humoriste !)

LES RÈGLES

Le concours est divisé en trois catégories : soit vous vous faites pousser la moustache, soit une barbe partielle, soit une barbe complète. Ces trois grands ensembles se subdivisent ensuite en 18 sous-catégories, avec de légères variantes selon les années. Votre moustache est-elle anglaise, hongroise, impériale ou inspirée de Dali ? Votre barbe imite-t-elle le style des mousquetaires ou êtes-vous davantage du genre à vous laisser pousser une Garibaldi ou une Verdi ? Les écoles diffèrent, mais chaque style est extrêmement codifié, au centimètre près. Chaque compétiteur se soumet à l'appréciation du jury qui dévoile par la suite les grands vainqueurs, qui font tous partie de clubs officiels affiliés à la fédération.

L'HISTOIRE

Longtemps ringardisée, la moustache est revenue en grâce dans les courants avant-gardistes new-yorkais depuis le milieu des années 2000. Plus concrètement, le premier World Beard and Moustache Association Championships s'est déroulé en 1990 dans la petite ville de Höfen an der Enz, en Allemagne. Organisé par la World Beard and Moustache Association, il a lieu tous les deux ans depuis 1995 et connaît un succès croissant. Le premier tournoi à avoir suscité une véritable attention médiatique est celui de septembre 2007 à Brighton, grâce à la participation de plusieurs célébrités : l'humoriste anglais Michael « Atters » Attree officiait en tant que maître de cérémonie, tandis que l'acteur Nick Cave et le musicien Billy Childish étaient membres du jury.

Monsieur Poulpe

Ce que cela nous apprend sur l'humanité

L'image d'Épinal du policier moustachu a bien un fond de vérité. En France, au cours du XIXe siècle, plusieurs décrets ont rendu obligatoire le port de la moustache aux armées et dans la gendarmerie. Ce n'est qu'en 1933 que ces dispositions réglementaires ont été abolies.

Edwy Plenel en mode Super Saiyan

L'ANECDOTE POUR BRILLER

Épaisse et carrée sous le nez, la moustache en brosse à dents a été très populaire au début du XXe siècle, séduisant notamment des stars comme Charlie Chaplin et Oliver Hardy, avant d'être adoptée par Adolf Hitler. Elle a depuis la fin du régime nazi perdu en popularité malgré une tentative de réhabilitation opérée par le basketteur Michael Jordan au cours des années 1990. « His Airness » a cependant vite renoncé après avoir été surnommé « Herr Jordan » par quelques petits malins.

On aurait préféré l'ignorer

Depuis 2017, le concours accueille les descendantes de la grande lignée des femmes à barbe, dont l'existence lointaine est attestée dès 1631 par un tableau du peintre espagnol José de Ribera.

Pas super pratique pour faire la bise

La star

Edwy Plenel, nan, on déconne. Connu pour sa grande originalité et son amour pour les chats, dont il aime imiter les moustaches, l'Américain Gandhi Jones, de son vrai nom Keith J. Haubrich, a remporté la catégorie « Freestyle Moustache » en 2007, 2009 et 2011. Il a aussi été la star d'un documentaire britannique de 52 minutes intitulé *Tashalaska*, qu'on vous conseille vivement.

LES CHIFFRES

738

compétiteurs issus de 33 pays ont pris part aux championnats du monde qui se sont déroulés à Austin en septembre 2017.

Pourquoi c'est un sport

Faire pousser une barbe de compétition n'est pas chose aisée, à en croire Adam Gazda, un compétiteur originaire du Delaware interrogé par *Paris Match* : « Cela nécessite beaucoup de temps, de patience, de cire et de séchage. Aussi, il faut avoir un régime équilibré et une vie pas stressée ». Vainqueur du prix « Moustache naturelle » en 2015, le dénommé John Cordes renchérit sur sa vie de sportif : « Vous devez travailler dur. Tout compte : le costume, la santé, tout le paquet. »

Trois questions à Jordan Lourdel, champion de France de barbe 2018

Quotidiennement, comment entretient-on une telle barbe ?

Tous les matins au réveil, je passe environ 15 minutes sur ma barbe. Le temps de la coiffer, de bien la placer. C'est très important. J'applique de l'huile de barbe, je la brosse et ensuite je passe du baume pour la structurer. On me dit assez souvent que cela doit être plein de microbes. Mais c'est comme pour toutes les autres parties du corps, il faut simplement la laver.

Avoir une belle barbe, qu'est-ce que cela vous apporte dans votre vie de tous les jours ?

Beaucoup de choses. Grâce à elle, j'ai gagné le championnat de France en 2018 et j'ai battu un record du monde en tirant un pick-up de plus de 2 tonnes. Dans la rue, les enfants sont curieux, ils me comparent souvent au Père Noël. Chez les adultes, il y a du pour et du contre. Il y a des clubs qui se créent, sur le modèle de ceux des États-Unis, comme celui dont je fais partie : les Bearded Villains. Pour moi les Américains sont devant, ils ont un train d'avance, que ce soit sur les concours ou sur l'acceptation du port de la barbe au travail.

Selon vous, qui sont les plus belles barbes et moustaches de l'histoire ?

Je pense que Dalí a la moustache la plus célèbre du monde. Quant aux barbus, on pense forcément à Louis Pasteur, Abraham Lincoln, ou encore Fidel Castro et l'Abbé Pierre. Il y a eu dans l'histoire des barbus très célèbres, est-ce un signe de réussite ? Je pense que oui.

« Pour moi, me raser la moustache, revient à enlever mon slip ! [...] Sans moustache, j'ai l'air de ce que je suis, une vraie saloperie, un faux-derche sans lèvres. »

Jean Rochefort,
acteur français

95

RECOUVREMENT D'ABEILLES

Si vous avez la phobie des insectes, merci de passer votre chemin…

LES RÈGLES

Le but est tout simple : attirer le maximum d'abeilles sur sa peau. Davantage que se badigeonner la peau de miel, la technique consiste à demander aux apiculteurs assistants de disposer plusieurs reines sur le corps de l'athlète, afin qu'elles attirent ensuite les abeilles ouvrières disposées non loin dans des ruches. Les essaims ainsi formés sur les corps des malheureux sont ensuite pesés par les officiels.

L'HISTOIRE

On pourrait penser à une pratique de niche, mais en réalité le record du monde du nombre d'abeilles sur le corps est régulièrement contesté par une poignée de fanatiques en quête d'apparitions dans le *Guinness Book of Records.*

L'ANECDOTE POUR BRILLER

Les abeilles sont de vraies kamikazes. En effet, lorsqu'elles piquent, leur dard reste planté dans la peau de leur victime et est donc arraché de leur abdomen. Au moment où elles s'éloignent, le dard entraîne à sa suite une partie de leurs organes internes, notamment leurs sacs à venin. Une déchirure sans anesthésie qui leur est presque toujours fatale.

La star

Avec 109,05 kilos d'abeilles sur le corps, l'apiculteur chinois Gao Bingguo, originaire de la province de Shandong, a explosé en mai 2015 le précédent record de 85,5 kilos détenu par son compatriote Zhang Wei. Pour se faire, il a fumé des cigarettes en permanence pour que son nez et sa bouche restent dégagés, avant de courir se plonger dans un bain d'eau chaude pour apaiser les quelque 2 000 piqûres qu'il a subies sans broncher pendant les trois heures et demie qu'aura duré sa performance. En effet, sachez-le, les abeilles ne viennent pas instantanément, elles mettent du temps à s'amasser pour prolonger le plaisir.

Ce que cela nous apprend sur l'humanité

Andy Warhol avait raison : on est décidément prêt à tout pour notre quart d'heure de gloire.

On aurait préféré l'ignorer

Apparemment, il existe en Arabie Saoudite un homme qui tente de mettre à mal l'impérialisme chinois sur la discipline. Il s'appelle Zouhaïr Fatani et cela fait deux fois qu'il échoue de peu parce qu'une reine indisciplinée s'envole sans prévenir. Courage Zouhaïr, crois en tes rêves !

LE CHIFFRE

1 000 000

d'abeilles sur le corps, soit l'estimation du record du monde.

Gao qui s'éclate une petite cibiche

« Une abeille vaut mieux que mille mouches. »

Proverbe français

96

DÉCORTICAGE DE CREVETTES

Pour les amateurs de bonne chair

Soirée cocktail

LES RÈGLES

Les candidats sont répartis autour de grandes tables et s'élancent au top départ, penchés sur leur barquette de 300 grammes de crevettes grises. Chaque round dure dix minutes et l'objectif est simple : rendre la plus grosse quantité possible de crustacés décortiqués, c'est-à-dire sans carapace, ni tête ni pattes.

L'HISTOIRE

La discipline, qui en est à sa 14e édition, est devenue une institution à Leffrinckoucke, une petite ville située près de Dunkerque. Les derniers championnats ont même accueilli des athlètes venus de Turquie, de Russie, d'Espagne et du Mexique, preuve que le tournoi s'internationalise.

L'ANECDOTE POUR BRILLER

Les crevettes sont unisexuées. Cependant, certains mâles peuvent se transformer en femelles après un certain temps.

LE CHIFFRE

120

soit le nombre de participants au concours en 2018.

La star

Âgée de 60 ans, Nicole Vanzinghel est à la fois grand-mère et décuple championne du monde de la discipline. Surnommée « l'Indétrônable », elle détient le record du monde avec 186 grammes de crevettes décortiquées et pense désormais se lancer de nouveaux défis dans l'épluchage de pomme de terre. *Dream bigger.*

Ce que cela nous apprend sur l'humanité

Le reportage TV *Hazaribag, cuir toxique* (2012) a montré que les déchets des usines de cuir du Bangladesh, traité avec des produits toxiques comme l'ammoniac ou le mercure, sont broyés pour être *in fine* livrés à l'industrie de la crevette dont les fermes intensives, souvent polluantes et insalubres, sont en plein essor en Asie.

Nicole en plein effort

On aurait préféré l'ignorer
Il n'y a rien à gagner, sauf la gloire.

« Enfin, comme je te le disais, la crevette, c'est le fruit de la mer. On la fait au barbecue, bouillie, grillée, rôtie, sautée. T'as la crevette kebab, la crevette créole, le gombo de crevettes ; à la planche, à la vapeur, en sauce ; tu fais l'avocat crevettes, la crevette citron, la crevette à l'ail, la crevette au poivre ; soupe de crevettes, ragoût de crevettes, la salade de crevettes, cocktail de crevettes, le hamburger de crevettes, le sandwich crevettes. Ah – c'est à peu près tout. »

Benjamin « *Bubba* » Buford-Blue,
crevettier dans *Forrest Gump*

Pourquoi c'est un sport

De l'avis même des concurrents, la discipline réclame « rapidité, précision et concentration ». Il faut en outre pas mal de force mentale pour ne pas goûter le fruit de son labeur avant la pesée.

97

CHASSE SOUS-MARINE

Vous reprendrez bien du saumon ?

LES RÈGLES

Les athlètes ont quelques jours pour repérer les zones qui grouillent de poissons. Ils plongent ensuite en apnée avec une arbalète élastique pour capturer le maximum de proies en un temps imparti. Le vainqueur est celui qui ramène le plus de kilos. La pratique fait l'objet, selon les pays, de réglementations plus ou moins strictes, pouvant aller jusqu'à l'interdiction.

L'HISTOIRE

Fondée en 1959, la Confédération mondiale des activités subaquatiques comprend 130 fédérations réparties sur cinq continents. C'est elle qui organise les championnats du monde de chasse sous-marine qui ont fêté leur 30e édition en Grèce en 2016. Néanmoins, en dépit d'un impact jugé « modéré » sur l'écosystème, la discipline n'a pas bonne presse et reste très critiquée par les milieux écologistes.

Enzo, mio palmo

La star

Trois fois champion du monde, trois fois champion d'Europe et huit fois champion d'Espagne, voilà le palmarès individuel du légendaire Pedro Carbonell, qui a pris sa retraite en 2011.

Pourquoi c'est un sport

Dans les années 1960, les tentatives de reconnaissance de la chasse sous-marine par le Comité olympique sont restées infructueuses. Dommage, on aurait bien aimé voir ça dans la Seine pour Paris 2024.

« J'ai abandonné la pêche le jour où je me suis aperçu qu'en les attrapant, les poissons ne frétillaient pas de joie. »

Louis de Funès,
acteur français

On aurait préféré l'ignorer
La pratique est très dangereuse et de nombreux plongeurs souffrent de traumatismes et maladies dus à la pression, notamment au niveau des oreilles.

Sacré yakitori !

Ce que cela nous apprend sur l'humanité

Dès 3000 ans av. J.-C., sous l'ancien Empire égyptien, les pêcheurs se lestaient d'une grosse pierre pour récolter crustacés et coquillages dans les fonds marins.

98

ESCALADE URBAINE

Adrénaline, peur du vide et instinct de mort

LES RÈGLES

Rarement légale, la grimpe urbaine consiste à escalader diverses structures en ville sans la moindre protection ni la moindre corde de sécurité. Les athlètes s'attaquent à des grues, des bâtiments désaffectés, des gratte-ciel, des monuments célèbres.

Il existe plusieurs pratiques distinctes, comme le rooftopping ou l'exploration urbaine, mais toutes sont rattachées dans leur essence à l'escalade en solo intégral, ce qui en fait une pratique à haut risque, sujette aux accidents les plus dramatiques.

Un concurrent sérieux à Mamoudou Gassama

On aurait préféré l'ignorer

Sorti en 1994, le film français *Un Indien dans la ville*, dans lequel Mimi-Siku escalade à mains nues la tour Eiffel, a relancé la carrière de Thierry Lhermitte. Et c'est bien normal, quel film, quand même !

L'HISTOIRE

En 1895, l'étudiant britannique Geoffrey Winthrop Young grimpa les toits de l'université de Cambridge et fut le premier à s'en vanter. Très vite, la pratique essaima autour de figures mythiques comme l'Américain Harry H. Gardiner. Surnommé « la Mouche humaine » par le président Cleveland, ce dernier escalada plus de 700 bâtiments en Europe et en Amérique du Nord, en costume de ville et chaussures de tennis, avant de trouver la mort au pied de la tour Eiffel en 1933. La recrudescence des accidents spectaculaires força les autorités new-yorkaises à interdire l'escalade des gratte-ciel dès 1920, mais ces derniers ne cessèrent jamais de faire fantasmer les amateurs de hauteur. En 1977, l'Américain George Willig fut le premier à grimper la tour sud du World Trade Center, inaugurant une nouvelle ère où la conquête en solo intégral des plus hauts immeubles du monde devient un objectif à part entière. Cette dernière est désormais le plus souvent filmée, et les vidéos tournées à la GoPro du haut d'une grue ou d'un gratte-ciel cartonnent sur YouTube.

LES CHIFFRES

100 000
spectateurs ont vu Alain Robert escalader légalement les 200 mètres de la National Bank d'Abu Dhabi en 2003.

1 personne sur 7
fait une crise aiguë de vertige dans sa vie.

L'ANECDOTE POUR BRILLER

Victime d'une chute de 15 mètres en 1982 qui l'a plongé six jours dans le coma, Alain Robert est considéré comme invalide à 66 % par la Sécurité sociale. Il garde depuis cet accident des séquelles importantes à l'oreille interne, causant chez lui une sensation persistante de vertige, ce qui ne le gêne pas trop apparemment.

La star

C'est probablement la seule star mondiale originaire de Digoin, en Saône-et-Loire. Surnommé « The French Spiderman », Alain Robert est une légende de l'escalade en solo intégral, et sans doute la figure la plus médiatisée de l'histoire. Son quotidien ? Grimper à mains nues les plus grands buildings du monde devant les yeux ahuris des badauds et se faire choper par la police au sommet. Le Français, désormais âgé de 57 ans, a commencé son œuvre en 1994 à La Défense, en escaladant la tour Elf-Aquitaine. Depuis, aucun building ne lui résiste, même les plus lisses. Parmi ses plus grands exploits, citons les 452 mètres des Petronas Twin Towers en Malaisie, les 443 mètres de l'Empire State Building aux États-Unis, et les 509 mètres de la Taipei 101 à Taïwan. En 2011, il a par ailleurs grimpé les 828 mètres du Burj Khalifa à Dubaï, mais en étant assuré cette fois, pour « la beauté du geste ».

Quand t'as oublié ton badge d'entrée au bureau

« Parmi ceux qui ont cherché à m'imiter dans cette profession hasardeuse, 120 ont chuté vers la mort. Vous n'avez pas de seconde chance. Chaque nouveau bâtiment est un problème inconnu. Si vous ne trouvez pas la bonne réponse, la mort vous attend en bas, avec son haleine fraîche et ses bras en béton. »

Harry H. Gardiner,
précurseur américain

Ce que cela nous apprend sur l'humanité

Que rien ne conduit plus sûrement à la mort que le désir de se « sentir vivant ». En quête d'adrénaline, de nombreux grimpeurs inexpérimentés ont perdu la vie trop tôt, comme le performer russe Andrey Retrovsky, mort à 17 ans, ou le photographe français Maxime Sirugue, décédé à 18 ans. En 2017, le Chinois Wu Yongying, auteur de centaines de vidéos sur Internet, a chuté de 62 étages en faisant des tractions. La jeune star de 26 ans enchaînait les défis sponsorisés pour financer son mariage.

Pourquoi c'est un sport

Parce qu'en plus de se balancer dans le vide à des centaines de mètres de haut, il convient maintenant de prendre un selfie pour se faire respecter sur Internet.

Trois questions à Tim Jacobs, spécialiste allemand du buildering

Vous êtes un ardent promoteur du buildering outre-Rhin !

Oui, cela fait plus de quinze ans que je pratique l'escalade, et dix ans que je me concentre sur l'escalade urbaine. J'habite à Wiesbaden, une petite ville sur le Rhin, qui s'est vite révélée trop petite pour moi ! À force de voyager dans tout le pays pour trouver des spots intéressants à grimper, j'en ai recensé plus de 200, dont j'ai escaladé la moitié. Depuis, je donne des conférences assez régulièrement, afin d'encourager et de populariser cette pratique nouvelle, que je trouve terriblement excitante et qui a énormément de vertus. En parallèle, j'ai écrit deux livres sur le buildering et je tiens une chaîne YouTube nommée « Buildering Spots ».

Quelles sont les vertus que vous évoquiez ?

En Allemagne, le nombre de salles d'escalade est en train d'exploser, c'est très à la mode. C'est super, surtout en hiver. Le problème quand on s'entraîne régulièrement à la gym, c'est que les choses deviennent vite redondantes. On retrouve globalement les mêmes types de prise, cela n'a rien à voir avec l'escalade dans la nature, où les parois rocheuses ne sont jamais les mêmes. Seulement, aller dans ces endroits reculés ça prend du temps, de l'argent, et le fait de prendre la voiture tous les week-ends avec ses potes, ce n'est pas très écologique, alors qu'en réalité on peut pratiquer l'escalade en ville avec ses amis, à condition d'être discrets vis-à-vis des autorités. Comme dans la nature, chaque structure urbaine a sa propre identité, chacune d'entre elles procure des émotions uniques. Il y a une grande hétérogénéité des challenges et c'est ce qui empêche de s'ennuyer. Personnellement, j'avoue que j'ai un petit faible pour les ponts. J'adore me suspendre à des dizaines de mètres de haut au-dessus du Rhin, et avancer à la seule force de mes bras !

Néanmoins, vous portez toujours un harnais de sécurité…

Oui, tout simplement parce que je n'ai pas envie de mourir. Je me souviens notamment d'une fois en particulier, j'étais en train d'escalader un pont qui abritait de nombreux pigeons, quand ma main a glissé sur une fiente fraîche ! Je peux vous dire que j'étais bien content d'être attaché. Dans ce sport, la moindre erreur, la moindre imprécision peut être fatale. Les puristes pensent sans doute que je suis une peureuse avec mes protections, mais je m'en fous ; moi ; je fais ça pour le fun. Je ressens déjà assez d'adrénaline en me suspendant dans le vide à 40 mètres de haut, je n'ai pas besoin de faire du solo intégral pour me sentir vivant. Ce n'est pas mon métier, je ne suis pas Alain Robert. Lui, je l'adore. Je le respecte énormément. Les qualités physiques et mentales que nécessitent ses exploits sont tout simplement hallucinantes. Il est fort, agile et résistant dans son corps, mais aussi incroyablement solide dans son esprit. Ce qu'il fait, c'est juste incroyable. Mais quand même, parfois, je ne peux pas m'empêcher de penser qu'il est un peu fêlé !

99

CHARMEURS DE VERS

Worms Armageddon, pour les connaisseurs

LES RÈGLES

Il y en a beaucoup, dix-huit, très strictes, dont certaines sont un peu tirées par les cheveux. Retenez seulement que chaque concurrent dispose d'un terrain de 9 mètres carrés, que le concours dure 30 minutes et qu'il est formellement interdit de déterrer les vers à mains nues. Seuls l'usage de la musique et d'une fourche de jardin, qu'il convient de planter et de faire tinter délicatement à l'aide d'un bâton pour créer des vibrations dans le sol, est autorisée. Bref, il est interdit de retourner le sol comme un bourrin. En cas d'égalité, le concours est prolongé de 5 minutes pour désigner le gagnant. Les concurrents qui ne souhaitent pas manipuler les vers peuvent désigner un assistant pour le faire. Le pauvre malheureux est alors appelé « Gillie ».

L'HISTOIRE

Le désormais célèbre World Worm Charming Championships, dont la première édition remonte à 1980, a lieu chaque année en Angleterre à Willaston, près de Nantwich, une localité du Cheshire. Mais des compétitions similaires dans lesquelles l'eau est autorisée ont lieu dans tout le Royaume-Uni, au Canada et aux États-Unis, signe que les Anglo-Saxons persévèrent.

Un p'tit drink ?

L'ANECDOTE POUR BRILLER

Avant de publier *L'Origine des espèces*, Charles Darwin était fasciné par les vers de terre, auxquels il a consacré quarante-quatre années de sa vie. Il a regroupé ses études et ses observations dans un best-seller intitulé *Rôle des vers de terre dans la formation de la terre végétale* (1881).

Ce que cela nous apprend sur l'humanité

Que les Anglais sont des êtres sensibles doués d'empathie puisque les animaux sont manipulés avec soin, placés dans de la tourbe humide puis, une fois collectés, dans un conteneur approprié fourni par le comité organisateur. Ils sont ensuite libérés une fois la nuit tombée.

La star

Avec 567 vers charmés et un nom digne des stars d'Hollywood, Mr et Mrs Smith détiennent le record du monde depuis 2009. Venez les chercher.

Hâte d'écouter leur EP

On aurait préféré l'ignorer

Nous n'avons rien inventé. De nombreux animaux utilisent des techniques similaires à la nôtre, en particulier la tortue des bois qui est connue pour taper le sol avec ses pieds quand elle chasse, un comportement qui attire les vers à la surface et lui permet de bouffer.

LE CHIFFRE

18

Le nombre de règles strictes qui régissent la compétition.

« Le ver se recroqueville quand on marche dessus. C'est plein de sagesse. Par là, il amoindrit la chance de se faire de nouveau marcher dessus. Dans le langage de la morale, on appelle ça l'humilité. »

Friedrich Nietzsche,
philosophe allemand

Pourquoi c'est un sport

Aucune drogue n'est tolérée, preuve que c'est du sérieux.

100

WATTOLÜMPIADE

Une réunion boueuse d'inspiration franc-maçonnique

LES RÈGLES

Le terme de wattolümpiade peut se traduire par « olympiades de la boue ». L'idée est très simple : pratiquer le football, le cyclisme, l'athlétisme, le golf ou le volley alors qu'on patauge dans la gadoue. L'endroit ? Un spot de rêve à l'embouchure de l'Elbe, dans la mer du Nord, qui n'est « praticable » qu'à marée basse. En raison d'évidentes difficultés, il est possible que certaines règles comme le nombre de participants ou les dimensions exactes des terrains ne soient pas respectées à la lettre. Au niveau des épreuves, la liste est flexible et peut varier d'une édition à l'autre : on a ainsi déjà eu droit à des compétitions de luge, de tir à la corde et de lancer de bottes en caoutchouc. En plus des récompenses pour les vainqueurs, les équipes les mieux déguisées ou les plus drôles ont droit à des prix.

Petit souci de fosse septique

La star

C'est après avoir survécu à son propre cancer que l'artiste surréaliste allemand Jens Rusch, connu pour ses nombreuses peintures à la gloire des francs-maçons, a eu l'idée de mettre sur pied cet événement pour soutenir la base de la pyramide sociale. « Mon propre tour en enfer m'a fait comprendre que les moyens dont disposait le système de santé régional mettaient en danger la survie des victimes, expliquait-il en 2016, à l'âge de 66 ans. Grâce à la Wattolümpiade, j'ai engagé une longue lutte pour l'autonomie du patient dans le länder du Schleswig-Holstein, et aujourd'hui, je regarde nos centres avec fierté. »

Ça n'a pas l'air de les déranger

On aurait préféré l'ignorer

Dans le langage courant en Europe, la boue est parfois appelée « gadoue », l'ancien nom qu'on donnait aux engrais constitués de matières fécales.

L'HISTOIRE

Organisée depuis 2004 en Allemagne, dans la charmante bourgade de Brunsbüttel, la Wattolümpiade attire tous les deux ans des milliers de participants venus d'Allemagne, mais aussi d'Italie, du Danemark, de Belgique et de République tchèque, tous avides de se mettre sur la gueule dans un joyeux bordel. Afin de les chauffer, le festival de musique Wattstock se tient la veille des compétitions, ce qui permet à tout le monde de partir du bon pied. Encouragé par l'agence de tourisme allemande, l'événement a gagné en popularité au fil des ans, tout comme la pratique internationale du sport dans la boue, mais tout cela reste fragile. Des olympiades ont notamment été annulées par manque de moyens en 2010 et à cause d'une tempête de dernière minute en 2011. Malgré tout, cette grande fête caritative a permis de collecter plusieurs centaines de milliers d'euros jusqu'à présent, avec un record de 47000 euros en 2018.

L'ANECDOTE POUR BRILLER

Il existe une fête de la boue en Corée du Sud, dans la ville de Borveong. L'événement date de 1998, dure quatre jours et attire chaque année des millions de visiteurs. Seulement, les gens ne viennent pas pour la bonne cause, mais pour une boue naturelle, extrêmement réputée au pays de la chirurgie esthétique et des produits cosmétiques. Après conditionnement, la boue de Borveong se distingue en effet des autres par une haute teneur en germanium, en bentonite et en autres minéraux tout aussi sensuels.

Trois questions à Oliver Kumbartzky, directeur des sports à la Wattolüempiade

Vous êtes là depuis les débuts !

Oui, depuis la première édition en 2004. À l'époque, c'était tout petit, la seule ambition était de montrer aux gens du coin ce qu'on entendait par « Jeux olympiques dans la boue ». Jens a tout de suite eu l'idée d'en faire un événement caritatif pour la lutte contre le cancer, cette idée lui trottait dans la tête depuis la fin des années 1970. Dès la deuxième édition, des journalistes et des caméras de télévision ont commencé à nous suivre, et depuis, ça n'a fait que grossir. Le véritable tournant a été la Coupe du monde de football en Allemagne, en 2006, lors de laquelle nous avons organisé un championnat de foot qui avait fait fureur ! L'année suivante, des étrangers sont venus de toute l'Europe. Petit à petit, le succès est devenu tellement énorme que nous avons décidé d'organiser les olympiades une année sur deux.

Pourquoi ce choix ?

Parce que c'est devenu trop gros pour nous, les volontaires. On n'a pas le temps et les moyens de le faire une fois par an, car nous ne sommes que douze. Nous ne voulons pas de gros sponsors, ni d'obligations. C'est un événement qui est fait maison, avec le cœur, et nous ne voulons pas en être dépossédés. Nous sommes conscients que cela pourrait être encore plus énorme encore, on en discute entre nous, mais nous sommes d'accord : tout est déjà parfait tel quel. Depuis nos débuts, on a récolté plus de 400 000 euros.

Le sport dans la boue est en train de se démocratiser un peu partout dans le monde. Qu'est-ce qui fait votre originalité ?

Déjà, notre ancienneté. Mais surtout, je dirais que c'est la qualité supérieure de notre boue qui fait la différence. Dans l'estuaire de l'Elbe, elle est vraiment très glissante. Grâce à la marée, qui a lieu toutes les douze heures, le terrain est toujours mouillé et régénéré en eau. Quand vous êtes dessus, vous pouvez oublier votre ancienne apparence. Je me souviens d'un match de handball, lors duquel le gardien d'une équipe arrêtait tous les tirs. À deux minutes de la fin, il s'est pris une balle en pleine tronche et a dû être remplacé. Le gars qui est entré à sa place était nul, il s'est pris cinq buts en deux minutes. Sous la douche, l'équipe perdante s'est aperçue que le mec venait en réalité de l'équipe adverse ! Ils ne l'avaient pas reconnu à cause de la boue ! C'était très drôle, et totalement réglementaire. Donc j'ai bon espoir. Vous me verrez bientôt sur vos plateaux télévisés !

« Tu m'as donné ta boue, j'en ai fait de l'or. »

Charles Baudelaire,
poète français

LES CHIFFRES

4000 personnes
se sont rendues aux olympiades 2018 à Brunsbüttel.

2013
La date de la première Coupe du monde de football dans la boue, disputée en Écosse.

Hmm, quelle régalade !

Ce que cela nous apprend sur l'humanité

Il faut être assez fou pour passer sa journée dans la boue de l'estuaire de l'Elbe, qui est vraiment dégueulasse. Les déchets de l'industrie lourde et les pesticides déversés par les exploitations agricoles de l'ex-RDA l'avaient déjà bien amoché au siècle dernier, au point de voir ce fleuve long de 1 091 kilomètres être déclaré « mort sur le plan écologique » dans la région de Dresde en 1990. Désormais protégé, le cours d'eau reste aujourd'hui durement affecté par les immenses forages de gaz et de pétrole à proximité des côtes, ainsi que par l'énorme trafic maritime en mer du Nord. Mais le pire reste sans doute l'effet à long terme des caisses de munitions chimiques qui été ont immergées à proximité de certaines îles lors de la Seconde Guerre mondiale. Bref, toujours partant ?

Pourquoi c'est un sport

Jeu de mot oblige, le fait de jouer « dirty » est autorisé. Autrement dit, les arbitres ferment les yeux sur certaines fautes, même s'ils ne vous laisseront pas noyer quelqu'un dans la vase.

Crédits iconographiques

4 (d), AFP/Miguel Schincariol;4 (g), AFP/Petras Malukas; 5 (d), DR; 5 (g), Wikimedia Commons/Robert Beck/Gotoenter; 6-7, DR; 8, Getty Images/AFP/Koichi Kamoshida; 10, AFP/Petras Malukas; 12, DPA/AFP/Julian Stratenschulte; 13, Dpa Picture-Alliance/AFP/Hauke-Christian Dittrich; 14, DR; 15, DR; 16, Footgolffrance; 17, Footgolffrance; 18, Adobestock/Christopher-Oliver; 18, Getty Images/AFP/Gareth Cattermole; 19, AFP/Anne-Christine Poujoulat; 20, DR; 21, Getty Images/AFP/Salah Malkawi; 22, Getty Images/AFP/Dan Kitwood; 23, DR; 24, DR; 25, Pierre-Yves Beaudouin/CC-BY-SA 4.0; 26, Pierre-Yves Beaudouin/CC-BY-SA 4.0; 28, AFP/BEN STANSALL; 29, AFP/Michael Defreitas; 30, AFP/Michael Defreitas; 32, Dpa Picture-Alliance/AFP/Friso Gentsch; 33, Dpa Picture-Alliance/AFP/Peter Steffen; 34, AFP/Petras Malukas; 35, AFP/Petras Malukas; 37, AFP; 38, Adobestock/Michael Burrell; 39, Dpa Picture-Alliance/AFP/Caroline Seidel; 40, Getty Images/AFP/Jordan Mansfield; 41, Adobestock/Dule964; 42, DR; 43, DR/Santeri Viinamäki; 44, DR; 46, Nascondino World Championship/Nicola Carrara; 47, Nascondino World Championship/Nicola Carrara; 47, DR; 48, Nascondino World Championship/Nicola Carrara; 49, DR; 50, AFP/Xinhua/Peng Tong; 51, AFP/Imaginechina/Cao Haigen; 52, AFP/INA/Bernard Allemane; 53 (h), Mars Film; 53 (b), Mars Film/Julien Pebrel; 55, AKB48; 57 (h), Adobestock; 57 (b), AFP/DPPI/Philippe Millereau,; 59, AFP/Anne-Christine Poujoulat; 60, AFP/Xinhua News Agency; 61 (h), AFP/Anadolu Agency; 61 (b), AFP/Dpa Picture-Alliance/Peter Forster; 62, AFP/Getty Images/Pool; 63, Pierre Dubois/DR; 65, DR; 66, AFP/Miguel Schincariol; 69, AFP/Photononstop/Sebastien Boisse; 70, AFP/Getty Images/Victor Fraile; 71, AFP/Getty Images/Victor Fraile; 72, AFP/Noel Celis; 74, AFP/Getty Images/Chris Jackson; 75, AFP/Getty Images/Philipp Guelland; 76, DR/Matti Blume/CC-BY-SA 4.0; 77, DR/Chris Bojanower; 78, AFP/Toby Melville; 79, FNSMR/Emmanuel Dubost ; 80, Cotswold Olimpick Games/Andrew Duke; 81, Mairie De Guerlesquin; 83, Mairie De Guerlesquin; 84, AFP/Miguel Schincariol; 84, AFP/Miguel Schincariol; 85, AFP/Sputnik/Vladislav Vodnev; 86, AFP; 87, AFP/Sputnik/Vladislav Vodnev; 88, World Toe Wrestling Federation; 89, AFP/Oli Scarff; 90, AFP/Tommi Korpihalla; 91, AFP/Ari-Pekka Keraenen; 92, DR; 93, DR; 94, AFP/Vyacheslav Oseledko; 95, AFP/Anadolu Agency/Ali Ihsan Ozturk; 97, AFP/Vyacheslav Oseledko; 98, Fédération des jeux et sports normands; 99, AFP/Getty Images/Christopher Furlong; 100, AFP/Getty Images/Gabriele Maltinti; 102, AFP/Anadolu Agency/Carlo Bressan; 103, AFP/Getty Images/Michael Steele; 104, AFP/Adek Berry; 105, AFP/Adek Berry; 107, AFP/Adek Berry; 108, AFP/Matthew Knight; 109, AFP/Matthew Knight; 110, AFP/Matthew Knight; 111, AFP/Matthew Knight; 112, DR; 113, DR; 114, DR; 115, DR; 116, DR; 117, AFP/Scott Olson; 118, Dpa Picture-Alliance/AFP/Christoph Schmidt; 120, AFP/Getty Images/Matt Roberts; 121, AFP/Getty Images/Matt Roberts; 122, AFP/Getty Images/Mark Brake; 123, AFP/Getty Images/Dylan Burns/AFL Photos; 124, Wikimedia Commons/Gotoenter/Robert Beck; 126, DR; 126, DR; 127, DR; 128, AFP/Getty Images/Maddie Meyer; 129, AFP/Getty Images/Maddie Meyer; 130, AFP/Getty Images/Leon Bennett; 131, AFP/Getty Images/David Rogers; 132, AFP/Notimex/Hugo Borges; 133, DR; 134, DR; 135, DR; 136, DR; 137, DR; 138, AFP/Barbara Gindl; 139, AFP/Getty Images/Ian Gavan,; 140, AFP/Getty Images/Ian Gavan,; 142, AFP/Sputnik/Alexandr Kryazhev; 143, AFP/Sputnik/Alexandr Kryazhev; 144, Dpa Picture-Alliance/AFP/Jens Kalaene; 146, DR/Raniero Corbelletti; 147, DR; 148, AFP/Notimex/Jessica Espinosa; 149, AFP/Notimex/Jessica Espinosa; 150, AFP/Mark Ralston; 151, Dpa Picture-Alliance/AFP/Johanna Rintanen; 152, AFP/Emmanuel Dunand; 153, AFP/Getty Images/Jack Taylor; 155, AFP/Getty Images/Jack Taylor; 156, AFP/Philippe Desmazes; 157, AFP/Philippe Desmazes; 159, AFP/Nurphoto/Debajyoti Chakraborty; 160, AFP/Chaideer Mahyuddin; 161, AFP/Aamir Qureshi; 162, Maisons de mode/Sebastien Gras; 163, AFP/ANP/Erik Van 'T Woud; 164, Wikimedia Commons/Gotoenter/Robert Beck; 165, Wikimedia Commons/Gotoenter/Robert Beck; 166, Wikimedia Commons/Gotoenter/Robert Beck; 168, AFP/Getty Images/Alexandre Loureiro; 168, AFP/AGIF/Paulo Paiva; 169, AFP/Eduardo Soteras,; 170, AFP/Mohd Rasfan; 171, AFP/Mohd Rasfan; 172, AFP/Adek Berry; 173, AFP/Xinhua News Agency; 174, AFP/Hemis.Fr/Boisvieux Christophe,; 175, AFP/Stephane De Sakutin; 176, AFP/Anadolu Agency/Mohammed Hamoud,; 177, DR; 178, DR; 178, DR; 178, AFP/Heikki Saukkomaa/Lehtikuva; 179, DR; 180, Dpa Picture-Alliance/Daniel Bockwoldt; 182, DR; 183, DR; 184, AFP/Anadolu Agency/Atilgan Ozdil; 184, Adobestock/Valentina R; 185, AFP/Anadolu Agency/Atilgan Ozdil; 187, AFP/Alex Wroblewski; 188, DR; 189, DR; 191, AFP/Fred Dufour; 193, DR; 194, ODN News; 195, ODN News; 196, AFP/Getty Images/Koichi Kamoshida; 197, AFP/Getty Images/Koichi Kamoshida; 198 (b), AFP/Adrian Dennis; 198, AFP/Justin Tallis; 199, AFP/Justin Tallis; 200, AFP/Getty Images/Oli Scarff; 200, AFP/Sputnik/Alexander Vilf/RIA Novosti; 201, AFP/RONI REKOMAA; 202, AFP/Nurphoto/Sergei Stepanov; 203, AFP/Nurphoto/Sergei Stepanov; 204, AFP/Claudio Giovannini; 206, AFP/Vincenzo Pinto; 207, AFP/Carlo Bressan; 208, AFP/Tobias Schwarz; 209, AFP/Tobias Schwarz; 210, AFP/Getty Images/Matthew Lloyd; 211, Dpa Picture-Alliance/AFP/Stephanie Pilick; 212, DR; 213 (b), DR; 213 (h), AFP/Getty Images/Ralph Orlowski; 214, Dpa Picture-Alliance/AFP/Felix K‰Stle; 215, AFP/Fabrice Coffrini; 216, DR; 217, DR; 218, AFP/Suzanne Cordeiro; 219, AFP/Suzanne Cordeiro; 220, AFP/Suzanne Cordeiro; 222, DR; 223 (b), DR; 223 (h), AFP/Imaginechina/Liu Hongjie; 224, AFP/Philippe Huguen; 225, AFP/Philippe Huguen; 226, DR; 227, DR; 228, AFP/Daniel Leal-Olivas; 229, AFP/Bertrand Guay; 230 (g), AFP/Ted Aljibe; 230 (d), AFP/Bertrand Guay; 232, Corbis Via Getty Images/Colin Mcpherson; 233, Corbis Via Getty Images/Richard Baker; 234, AFP/Patrik Stollarz; 235, Dpa Picture-Alliance/AFP/Daniel Bockwoldt,; 237, Dpa Picture-Alliance/AFP/Daniel Bockwoldt,; 240, Adobestock/Valentina R. Première de couverture (en escargot, en partant en haut à gauche) : FNSMR/Emmanuel Dubost ; AFP ; AFP/Fabrice Coffrini ; AFP/Mark Ralston ; Wikimedia Commons/Gotoenter/Robert Beck ; AFP/Getty Images/Victor Fraile ; AFP/Matthew Knight ; AFP/Adrian Dennis ; AFP/Petras Malukas ; DR ; DR ; Mark Brake/Getty Images ; AFP/Suzanne Cordeiro.

Tout a été mis en œuvre pour que la source et/ou détendeur des droits de reproduction de chaque image soit correctement mentionné et contacté. L'éditeur s'excuse pour toute erreur ou omission commise par inadvertance. Ces dernières seront corrigées dans les futures éditions de cet ouvrage.

Conception graphique
Thierry Sestier

Rédaction
Christophe Gleizes

Relecture
David Lerozier

Iconographie
François Bocquier

PAPIER À BASE DE FIBRES CERTIFIÉES

MARABOUT
s'engage pour l'environnement
en réduisant l'empreinte carbone
de ses livres.
Celle de cet exemplaire est de :
1,5 kg éq. CO_2
Rendez-vous sur
www.marabout-durable.fr

Pour l'éditeur, le principe est d'utiliser des papiers composés de fibres naturelles, renouvelables, recyclables et fabriquées à partir de bois issus de forêts qui adoptent un système d'aménagement durable. En outre, l'éditeur attend de ses fournisseurs de papier qu'ils s'inscrivent dans une démarche de certification environnementale reconnue.

Imprimé en France par Pollina - 90767 en septembre 2019 pour le compte des éditions Hachette Livre (Marabout)
58, rue Jean-Bleuzen – 92178 Vanves Cedex
Dépôt légal : septembre 2019
ISBN : 978-2-501-14093-5
6438772/01